契丹政治体与族群的形成

The Formation of Khitan Polity and Ethnic Group

吴翔宇◎著

吉林大学出版社

·长春·

图书在版编目（CIP）数据

契丹政治体与族群的形成 / 吴翔宇著. --长春：
吉林大学出版社, 2024.3
ISBN 978-7-5768-1835-2

Ⅰ.①契… Ⅱ.①吴… Ⅲ.①契丹—民族历史 Ⅳ.
①K289

中国国家版本馆CIP数据核字(2023)第114782号

书　　名：契丹政治体与族群的形成
QIDAN ZHENGZHITI YU ZUQUN DE XINGCHENG

作　　者：吴翔宇
策划编辑：殷丽爽
责任编辑：殷丽爽
责任校对：安　萌
装帧设计：刘　瑜
出版发行：吉林大学出版社
社　　址：长春市人民大街4059号
邮政编码：130021
发行电话：0431-89580028/29/21
网　　址：http://www.jlup.com.cn
电子邮箱：jldxcbs@sina.com
印　　刷：天津和萱印刷有限公司
开　　本：787mm×1092mm　1/16
印　　张：11.25
字　　数：220千字
版　　次：2024年3月　第1版
印　　次：2024年3月　第1次
书　　号：ISBN 978-7-5768-1835-2
定　　价：72.00元

版权所有　翻印必究

目 录

上编：契丹政治体的形成

下编：契丹族群的形成

绪 论

第一节 研究对象及选题意义

政治体与族群的形成，是政治史和民族史研究的重要课题。就契丹而言，建国史长期以来是研究热点。特别是关于辽朝的建立，已有相当多的研究成果。然而，契丹政治体的形成过程，远非辽朝建国史所能概括。契丹由十六国北朝时期的"东北群狄"至辽朝国家，经历了漫长的发展过程，因此有必要从长时段对契丹政治体的形成史加以探讨。相较于颇受关注的契丹建国史，有关契丹族群形成过程的研究较少。由于史料的不足，相关研究的开展面临重重困难。然而学界早已注意到，北族政治体与族群密切相关。一方面，二者难以切割，特别是在北族早期，族群往往就是政治体。①另一方面，政治因素对族群通常有直接的塑造作用，政治体的构建多伴随着族群的重塑。具体至契丹，政治体与族群之间有着密切的互动，二者的形成，某种程度上为一体两面之关系。借助政治体视角，我们可对契丹族群的形成过程有新的认识。

本书将从"政治体的形成"与"族群的形成"两个方面，对契丹历史进行再研究。

---

① 罗新指出"一切出现在历史视野里的所谓民族，都是政治体，都是以政治关系和政治权力为纽带构建起来的社会团体，尽管这种团体总是要把自己打扮成以血缘关系为基础的、具有生物学意义上紧密联系的社会群体。进入历史学研究范畴的北方民族，都是一个又一个的政治团体。"参见氏著：《中古北族名号研究》，北京大学出版社2009年版，第1-2页。

本书上编为"契丹政治体的形成"。契丹政治体的形成，涉及的问题很多，如制度变迁、社会组织变革、外部环境演变等。本书并非全局性研究，而是着眼于政治秩序的演进以及统治集团的构建，[1]以契丹皇权的形成和辽朝统治集团的形成为中心议题。

辽朝为皇权国家，其君主在专制集权方面与中原皇帝虽有程度差异，但无本质区别。然而，辽朝是由契丹人建立的北族王朝，北族社会并无皇权传统。相反，内亚汗权更多呈现出"有限性君权"的色彩。[2]内亚汗权体制下的北族政权，如鲜卑、柔然、突厥，本质上接近部落联合体，权力结构呈现出分散性。[3]作为北族的契丹，亦不存在君主专制的传统。[4]契丹从诸多北族中脱颖而出，建立起皇权国家，既与中原王朝的影响有关，也是契丹内部因素作用的结果。本书第一章以皇权的形成为线索，观察契丹政治体如何由部落联盟发展至皇权国家，从长时段探讨辽朝皇权国家的历史渊源。

作为北族皇权国家，辽朝政治形态与中原王朝有所不同。部落贵族作为皇权的坚强支撑，在辽政权中始终占据重要地位。正如元人所论"辽史耶律、萧氏十居八九，宗室、外戚，势分力敌，相为唇齿，以翰邦家"[5]，

---

① 甘怀真提出"政治史研究的核心关怀为秩序与权力，其课题之一为探究历史上某个时代之人如何理解权力，并借由行动以创造出当代的政治秩序"。参见甘怀真：《"天下"观念的再检讨》，收入吴展良编：《东亚近世世界观的形成》，台北：台大出版中心2007年版，第85页。

② 钟焓将内亚汗权描述为"有限性君权"（limited emperorship），即无论对外还是对内，汗权都并非独一无二的最高统治权力。参见氏著：《"四海之内皆可汗"——论内亚汗权体制中的"有限性君权"》，《文化纵横》2017年第4期，第118–128页。

③ 如突厥，武德年间，唐鸿胪卿郑元璹谓颉利可汗："汉与突厥，风俗各异，汉得突厥，既不能臣，突厥得汉，复何所用？且抄掠资财，皆入将士，在于可汗，一无所得。"可见，突厥可汗对部下缺乏强有力的掌控。参见《旧唐书》卷62《郑元璹传》，中华书局1975年版，第2380页。

④ 唐设置的契丹松漠都督府中，部酋叛乱屡见不鲜。唐玄宗为此多次致书斥责，开元二十三年（735）致松漠都督涅里的敕书提到"然卿彼之蕃法，多无义于君长，自昔如此，朕亦知之。然是卿蕃王，有恶径杀，为此王者，不亦难乎？但恐卿今为王后，人亦常不自保，谁愿作王？"参见张九龄撰、熊飞校注：《张九龄集校注》卷九，中华书局2008年版，第558页。

⑤ 脱脱等：《辽史》卷67《外戚表》，中华书局2016年版，第1135页。

"辽之秉国钧，握兵柄，节制诸部帐，非宗室、外戚不使"[①]，以皇族、后族为首的部落贵族，长期占据政权津要，在王朝政治中发挥关键作用，使辽朝呈现出极具特色的"二族共治"政治形态。本书第二章以辽朝统治集团的形成为研究对象，透过阿保机集团的人员构成、矛盾衍生，观察阿保机的人际网络如何影响辽朝统治集团的权力结构，以及如何影响辽朝的政治形态。

本书下编为"契丹族群的形成"。受限于史料，学界对契丹族群的界定和溯源，皆面临较大困难。一方面，对于早期契丹族群的形成过程、形成方式，史籍缺乏记载。另一方面，对契丹族群边界、范围的界定，亦缺乏史料依据。时至今日，即使是"什么是契丹""什么是契丹人"这类基础问题，我们也难以给出圆满解释，更遑论契丹族群的形成。基于此，本书对契丹族群形成的探讨将从政治体的视角展开，着重分析遥辇、辽政权如何塑造契丹族群。当然，这一观察视角，也导致本书主要着眼于遥辇和辽代契丹族群的形成，某种程度上忽视了对早期契丹族群形成的探讨。

契丹族群与政治体之间有密切的互动关系，这为我们从政治体视角追溯契丹族群的形成提供了可能。唐中期，一支奚人势力进入契丹松漠都督府，逐渐成为八部联盟的领导者，后建立起遥辇氏部落联盟和辽朝。本书第三章从政治体名号入手，追溯遥辇氏的奚人渊源，发掘遥辇汗族与辽朝皇族的奚人后裔身份，揭示遥辇氏部落联盟和辽朝统治集团在契丹族群中的外来者、后来者身份，探讨契丹族群的变迁如何影响契丹政治体的更替。

遥辇氏部落联盟和辽朝的统治者为奚人后裔，因此皆面临着以外来者、后来者身份统治契丹"土著"的问题。遥辇阻午可汗打散原有的部落组织，重建八部联盟政治体。自遥辇初至辽末，八部始终作为契丹人之主体而存在。辽政权通过将皇族、后族塑造为"自古以来"的契丹人，重塑了契丹族群之核心。本书第四章，首先对遥辇阻午可汗改革进行研究，分析此举如何消弭新、旧契丹人的边界；接下来探讨辽政权如何通过改造契丹族源神话，将皇族、后族祖先包装为契丹始祖，从而以统治集团为核心，重塑契丹族群。

① 《辽史》卷114《逆臣下》，第1668页。

本书透过政治体的视角观察族群，同时关注族群因素在政治史中的作用，因此将契丹政治体与契丹族群的形成统合在一起加以研究。对二者形成过程的探讨，有助于我们进一步加深对契丹早期史、建国史的了解；同时，这一针对契丹个案的研究，也将丰富我们对"政治体—族群"互动关系的认识。

第二节　研究现状及反思

本书涉及契丹建国前史、辽朝建国史、辽朝统治集团以及契丹族群四个方面的内容，因此学术史梳理将从与此相关的四个角度展开。

一、契丹建国前史研究

契丹建国前史，指契丹自出现至辽朝建国五百余年的历史。这段历史向来是研究热点，诸多论著对相关学术史进行了梳理，特别是几篇博士论文，对学术史的总结尤为详尽。[①]因此，本书将不再对相关研究进行全面总结，而是以契丹建国前史叙述中的两个关键问题为线索进行梳理：其一，契丹建国史叙述脉络；其二，辽建国前的契丹发展阶段。

刘浦江指出，辽宋金元诸多关于辽朝建国史的记载可分为两类：

> 一是源自辽朝史家的历史叙述，从辽朝诸国史到金、元两代所修《辽史》均属这一系统，本文称之为北朝文献系统；二是源自五代及宋代史家笔下的历史传说和历史考证，从五代诸朝实录到宋代各种相关史籍，以及元人所作《契丹国志》，均可纳入这一系统，本文称之为中土

[①] 如任爱军：《契丹辽朝前期（907—982）契丹社会历史面貌解析》，内蒙古大学2005年博士学位论文，第3-8页；曾成：《唐代幽营地域的族群与政治——以唐与奚、契丹的互动为中心》，武汉大学2015年博士学位论文，第10-13页；冯科：《契丹早期历史若干问题研究》，内蒙古大学2020年博士学位论文，第4-8页；最新的系统梳理，参见苗润博的博士论文《记忆·遗忘·书写：基于史料批判的契丹早期史研究》绪论（北京大学2018年博士学位论文，第2-16页）以及《问题更新与范式转换：契丹早期史百年研究述评》［收入包伟民、刘后滨主编：《唐宋历史评论》（第六辑），社会科学文学出版社2019年版，第160-176页］。

文献系统。①

刘浦江将有关阿保机建国的记载归纳为两个"历史知识传承系统"，这一分类方式也可应用于契丹建国前史的研究。史籍对契丹自出现到建立辽朝五百多年历史的记载也存在两个系统，其一是以《魏书》《北史》《旧唐书》《旧五代史》等史书为载体的中原文献系统；其二是以《辽史》为载体的北朝文献系统。今人对契丹建国前史的梳理，虽皆兼采两套记载体系，但在叙事主线上往往会选择其中之一。

最早以中原文献记载为纲，对契丹建国前史进行系统研究的著作，是日本学者松井等于1915年撰写的《契丹勃兴史》。其正文分十三章，对契丹出现到建国五百余年的历史进行了梳理。②苗润博指出，当《辽史》与中原文献的记载出现差异和矛盾时，作者"倾向于以中原文献为准，否定辽朝自身的记载"③。《契丹勃兴史》不仅在材料选取上更重视中原文献，而且在叙事脉络上以中原文献记载为纲，出现于《辽史》的遥辇时期便被排除于契丹历史之外。由于这种叙事模式依赖中原文献记载，对契丹建国前史的叙述相对破碎，无法很好地呈现出连贯的契丹发展史，因此在相关著作中并不多见。傅海波、崔瑞德《剑桥中国辽西夏金元史》"辽朝"部分有一节专论"建立王朝前的契丹"，④同样以中原文献记载为基础进行叙事。但是9世纪末契丹消失于唐朝史书，契丹发展史出现一段空白，故不得不接以《辽史》记载中的"遥辇"时期，以求完整呈现契丹自唐至辽的历史。但作者指出《辽史》中关于遥辇可汗世系的记载不完全可信。此外，杉山正明《疾驰的草原征服者：辽、西夏、金、元》前两章回

---

① 参见刘浦江：《契丹开国年代问题——立足于史源学的考察》，收入氏著：《宋辽金史论集》，中华书局2017年版，第11页。

② 参见松井等：《契丹勃兴史》，刘凤翥译，收入社科院民族所主编：《民族史译文集》（第十辑），中国社会科学院民族研究所1981年版，第1—50页。

③ 参见苗润博：《问题更新与范式转换：契丹早期史百年研究述评》，收入包伟民、刘后滨主编：《唐宋历史评论》（第六辑），社会科学文学出版社2019年版，第161页。

④ 参见傅海波、崔瑞德主编：《剑桥中国辽西夏金元史》，史卫民等译，中国社会科学出版社1998年版，第45—53页。［相关部分由崔瑞德（即杜希德）、克劳斯-彼得·蒂兹执笔。］

顾契丹建国前史时，以安史之乱为叙事起点，从"国际关系"视角入手，探讨了唐朝的中衰以及回鹘汗国的崩溃给契丹发展带来的机遇。该书论述唐代契丹历史时，未采用《辽史》所提供的"大贺—遥辇—辽朝"的脉络，同样以中原文献记载为纲。[①]

关于唐以前的契丹史，《辽史》所载多源自中原文献，因此学界的研究也基本以中原文献为基础。但隋唐以降，《辽史》记载开始与中原文献不同，而且提供了一条"大贺—遥辇—辽朝"的三段式线性发展脉络。学者叙述唐代契丹史时，多站在契丹主体立场上，按《辽史》提供的三段式发展脉络展开。

金毓黻于1946年出版的《宋辽金史》是较早采取这一叙述脉络的学术著作。该书第三章《宋前之契丹》提到"契丹本部有大贺、遥辇、世里三世"，将辽朝建国前"契丹本部"的历史划分为前后相续的三个时段。[②]爱宕松男于1959年完成的《契丹古代史研究》亦采取这一叙述脉络，该书对唐代契丹史的叙述亦按大贺、遥辇、辽朝三个时段展开。但爱宕松男并非不加考据地直接采纳《辽史·世表》提供的三段式线性序列，而是对相关记载进行了批判性考察，在此基础上审慎地将唐代契丹发展历程划分为"大贺""遥辇""辽朝"三个阶段。[③]关于辽朝的断代史著作，由于需要站在辽朝主体的立场上书写，因此多采取这种三段式的时代划分方法。如王民信《契丹史论丛》、张正明《契丹史略》、舒焚《辽史稿》、杨树森《辽史简编》、陈述《契丹政治史稿》《契丹史论证稿》、李桂芝《辽金简史》、于宝林《契丹古代史论稿》、黄凤岐《契丹史研究》、李锡厚《辽金西夏史》、武玉环《辽制研究》《辽金社会与文化研究》、郑毅

---

① 杉山正明：《疾驰的草原征服者：辽、西夏、金、元》，乌兰、乌日娜译，广西师范大学出版社2014年版，第15–65页。
② 参见金毓黻：《宋辽金史》，商务印书馆1946年版，第20页。
③ 爱宕松男认为，"大贺"与"遥辇"两个阶段有短暂的重合，二者在时间上并非绝对的首尾相续。参见爱宕松男：《契丹古代史研究》，邢复礼译，内蒙古人民出版社2014年版，第144–153页。

《辽朝的建立及其边疆经略》等，皆沿用这一方法。[1]通史著作涉及契丹及辽朝时，也基本采取这一叙事脉络，如王锺翰《中国民族史》、杨茂盛《中国北疆古代民族政权形成研究》、姜维公《中国东北民族史》等。[2]

在这一叙事脉络下，最具代表性的研究为蔡美彪于1964年发表的论文《契丹部落组织和国家的产生》。此文对契丹自北魏出现至辽朝建立的历史进行了系统梳理，指出北魏时契丹已出现了八个有血缘关系，但彼此分散独立的部落；至隋代，这八个部落在外部压力下走向军事联合，在唐初形成了契丹历史上首个部落联盟——大贺氏部落联盟；至唐中期，大贺氏部落联盟在可突于之乱中瓦解，新生的遥辇氏部落联盟取而代之；阿保机后来在取代遥辇氏部落联盟的基础上，建立了辽王朝。[3]该文的论述颇具代表性，后来的相关论著大多也沿袭了这种叙事脉络。

不难看出，对三段式发展脉络接受并采纳的前提，是赞同契丹存在"大贺""遥辇""辽朝"三个前后相续的发展阶段。以此为基础的契丹建国前史连贯性强，呈现出一条由部落联盟到国家的清晰脉络，但也存在着几个弊端：其一，叙述性强而研究性弱，部分论著实质只是基于《辽

---

[1] 参见王民信：《契丹史论丛》，学海出版社1973年版，第35—63页；张正明：《契丹史略》，中华书局1979年版，第1—29页；舒焚：《辽史稿》，湖北人民出版社1984年版，第1—132页；杨树森：《辽史简编》，辽宁人民出版社1984年版，第1—21页；陈述：《契丹政治史稿》，人民出版社1986年版，第48—56页；陈述：《契丹史论证稿》，山西人民出版社2014年版，第49—58页；李桂芝：《辽金简史》，福建人民出版社1996年版，第8—28页；于宝林：《契丹古代史论稿》，黄山书社1998年版，第97—201页；黄凤岐：《契丹史研究》，内蒙古科学技术出版社1999年版，第32—41页；李锡厚、白滨：《辽金西夏史》，上海人民出版社2003年版，第4—7页（辽史部分由李锡厚执笔）；武玉环：《辽制研究》，吉林大学出版社2001年版，第3—8页；武玉环：《辽金社会与文化研究》，中国社会科学出版社2014年版，第4—7页；郑毅：《辽朝的建立及其边疆经略——契丹与漠北、中原、东北的地缘政治变迁》，东北大学出版社2019年版，第6—17页。

[2] 参见王锺翰：《中国民族史》，中国社会科学出版社1994年版，第445—452页（相关部分由杨保隆、萧之兴执笔）；杨茂盛：《中国北疆古代民族政权形成研究》，黑龙江教育出版社2004年版，第235—247页；姜维公主编：《中国东北民族史》（中卷），吉林文史出版社2014年版，第84—90页（相关部分由王凯执笔）。

[3] 参见蔡美彪：《契丹的部落组织和国家的产生》，《历史研究》1964年第5、6期合刊。后收入氏著《辽金元史考索》，中华书局2012年版，第21—65页。

史》框架的历史叙述，而非历史研究。其二，缺少对《辽史》中唐代契丹三段式发展脉络的批判，在追求历史连贯性、线索清晰性的同时，牺牲了真实性。当然，不少学者在采纳《辽史》叙事脉络时实际持谨慎态度，除爱宕松男外，蔡美彪也对"大贺""遥辇"的线性继承关系提出了质疑，指出《辽史·世表》将洼可汗推测为可突于所立的屈列，将阻午可汗推测为中原文献中的李怀秀，皆无足够证据。作者虽未明言，但实际已对这一线性继承关系表达了怀疑。[①]

近年来，苗润博的博士论文《记忆·遗忘·书写：基于史料批判的契丹早期史研究》以及在此基础上的系列论文，通过将辽官方叙述的建国前史与中原文献的相关记载加以对比，发现二者在时间、空间上皆存在巨大矛盾，由此对《辽史》中的契丹建国前史进行了系统的梳理、辨析，指出《营卫志》中从"古八部"到辽的发展序列是元代史官对不同来源的史料进行杂糅和对接的结果，而非历史事实。[②]这些研究全面质疑了《辽史》对契丹建国前史的叙述，为契丹早期史研究开辟了新的空间。

二、辽朝建国史研究

辽朝建国史方面，学界关注的焦点首先是建国时间。按《辽史·太祖纪》，阿保机建国历程中有两个关键时间节点，即开平元年（907）正月庚寅，"燔柴告天，即皇帝位"[③]；以及神册元年（916）二月丙戌，"上尊号曰大圣大明天皇帝"，"建元神册"[④]。学界由此对辽朝建国时间形

---

① 参见蔡美彪：《契丹的部落组织和国家的产生》，载氏著《辽金元史考索》，第37–38页。

② 参见苗润博：《记忆·遗忘·书写：基于史料批判的契丹早期史研究》，北京大学2018年博士学位论文，第57–94页；《契丹建国前史发覆——政治体视野下北族王朝的历史记忆》，《历史研究》2020年第3期，第42–65页；《从误解到常识：史源学视野下的唐代大贺氏契丹问题》，《唐研究》（第二十五卷），北京大学出版社2020年版，第245–262页。此外，日本学者津田左右吉、田村实造、小川裕人、吉本道雅，韩国学者李成在，中国学者田广林、肖爱民、宋筱静皆通过否定了"古八部""大贺氏时代"或"遥辇氏时代"中某一部分的存在，质疑了《辽史·营卫志》对建国前史的记载。可参见苗润博博士论文中对相关学术史的梳理（第7–8页）。

③ 《辽史》卷1《太祖纪上》，第3页。

④ 《辽史》卷1《太祖纪上》，第10–11页。

成两种看法。华山、费国庆《阿保机建国前契丹社会试探》以及孟广耀《耶律阿保机建国称帝年代考论》皆以《辽史》所载为准，认为辽朝开国元年为公元907年。[①]但目前学界一般认为，耶律阿保机在公元907年只是取代遥辇氏而成为契丹可汗，直到916年才建元称帝，即认为辽朝建国时间为神册元年（916）。[②]此外，日本学者桥本增吉依据《旧五代史》的记载，认为阿保机约在唐天祐三年（906）或四年成为契丹主，但其本人没有采用"皇帝"名号。[③]小川裕人则依据两《五代史》和《册府元龟》等中原史籍的记载，认为阿保机称帝建元的时间为天赞元年（922）。[④]学界对辽建国时间的争议，是由中原史籍与《辽史》的记载差异造成的。杨志玖于1948年发表《阿保机即位考辨》，率先对两类记载进行系统考察，认为《辽史》记载更为可信。[⑤]继而刘浦江在《契丹开国年代问题——立足于史源学的考察》中总结，有关契丹建国年代的记载有"北朝文献系统"和"中土文献系统"两个源流，并对二者进行了史源学考察，认为神册元年（916）称帝建国说虽无来源可靠的直接文献依据，但很可能是正确的看法。[⑥]苗润博《被改写的政治时间：再论契丹开国年代问题》在此基础上指出契丹官方史书本身就出现过两种截然不同的开国年代书写，辽于

① 参见华山、费国庆：《阿保机建国前契丹社会试探》，《文史哲》1958年第6期，第46-53页；孟广耀：《耶律阿保机建国称帝年代考论》，《内蒙古大学学报》1981年第1期，第46-53页。

② 刘浦江指出，此说的首倡者为松井等《契丹勃兴史》。此说目前已成为学界主流，国内学者多数也持这种看法，如赵卫邦：《契丹国家的形成》，《四川大学学报》1958年第2期，第4-6页；蔡美彪：《辽朝史概述》以及《契丹的部落组织和国家的产生》，载氏著《辽金元史考索》，中华书局2012年版，第5页、第49-57页；张正明：《契丹史略》，中华书局1979年版，第24-29页；杨树森：《辽史简编》，辽宁人民出版社1984年版，第20-27页；李桂芝：《辽金简史》，福建人民出版社2000年版，第25-26页；李锡厚、白滨：《辽金西夏史》，上海人民出版社2003年版，第9-12页。

③ 参见桥本增吉：《遼の建國年代に就いて》，《史潮》第6年1号，1936年2月，第51-86页。

④ 参见小川裕人：《遼の建國に就いて》，《東洋史研究》2卷3号，1937年2月，第27-45页。

⑤ 杨志玖：《阿保机即位考辨》，《中央研究院历史语言研究所集刊》第十七本，1948年，第213-225页。

⑥ 参见刘浦江：《契丹开国年代问题——立足于史源学的考察》，《宋辽金史论集》，第10-32页。

907年建国的说法并非史官疏忽所致，而属刻意为之。[1]

　　辽朝建国史研究中的另一个焦点，是阿保机的即位方式。舒焚在《辽史稿》中较早指出，关于阿保机即位的具体过程，史书中有"遗命说"和"不肯受代说"两种说法。[2]前者出自《辽史》，指遥辇痕德堇可汗遗命传位于阿保机；后者亦称"八部选汗说"，见载于中原文献，指阿保机借契丹八部选汗传统登上汗位，之后违背任选汗规则，将三年任期改变为终身制。两种说法皆有支持者，未有定论。[3]

　　此外，辽代建国方略也是建国史研究的热点。这类研究主要着眼于阿保机在建国过程中的具体策略、举措，多从政治史的视角展开。如舒焚《辽史稿》、杨树森《辽史简编》、张正明《契丹史略》、蔡美彪《契丹的部落组织和国家的产生》、廖启照《征服或扩大——辽朝的政治结构与国家形成》、林鹄《耶律阿保机建国方略考——兼论非汉族政权之汉化命题》、耿涛《迭剌部权力斗争与耶律阿保机建国》等皆是以政治史的视角展开的建国史研究。[4]近年学界关于辽建国问题的研究思路较为多元，开始用非政治史视角来研究这一政治史问题。如杨军《"变家为国"：耶律阿保机对契丹部族结构的改造》《契丹社会组织与耶律阿保机建国》从社会组织演变的角度来回溯辽建国历程[5]；《牧场与契丹人政治》一文体

---

[1] 苗润博：《被改写的政治时间：再论契丹开国年代问题》，《文史哲》2019年第6期，第94页。

[2] 参见舒焚：《辽史稿》，第122–126页。

[3] 相关研究已有梳理，参见苗润博：《问题更新与范式转换：契丹早期史百年研究述评》，载包伟民、刘后滨主编：《唐宋历史评论》（第6辑），第169页。

[4] 参见舒焚：《辽史稿》，第119–126页；杨树森：《辽史简编》，第20–28页；张正明：《契丹史略》，第22–28页；廖启照：《征服或扩大——辽朝的政治结构与国家形成》，中兴大学2008年博士学位论文；林鹄：《耶律阿保机建国方略考——兼论非汉族政权之汉化命题》，《历史研究》2012年第4期，第52–68页（此文亦收入氏著：《南望：辽前期政治史》，生活·读书·新知三联书店2018年版，第24–43页）；耿涛：《迭剌部权力斗争与耶律阿保机建国》，《中国边疆史地研究》2017年第4期，第78–88页。

[5] 参见杨军：《"变家为国"：耶律阿保机对契丹部族结构的改造》，《历史研究》2012年第3期，第18–28页；《契丹社会组织与耶律阿保机建国》，《中国边疆史地研究》2020年第2期，第12–23页。此外，杨军《二世纪至十一世纪北族前国家时期的社会组织》（《历史研究》2018年第3期，第165–177页）一文也提到了契丹建国前社会组织的演变。

现了控制优质牧场对阿保机称帝建国的关键性作用①。陶莎《犁向西北：辽朝上京道农业发展轨迹》提出，农耕人口的获取以及农业的发展，对阿保机权势的扩张有重要意义。②李符桐《回鹘与辽朝建国之关系》、王小甫《契丹建国与回鹘文化》论证了回鹘人以及摩尼教在阿保机建国中的重要作用③；尤李《道教与辽朝政权合法性的构建》揭示了阿保机建国时对道教的利用④；孟凡云《耶律阿保机的神化活动及特点》、邱冬梅《辽代契丹萨满教研究》指出，萨满教在阿保机个人威信的树立中发挥了重要作用，对辽朝国家的建立有一定影响⑤。

三、辽朝统治集团研究

政治集团理论是中古史研究中非常重要的认识视角和分析范式。范兆飞指出，这一理论"是近现代学人利用西方政治学和社会学理论，结合中国固有的史学传统，融会贯通而形成的理论"，"对中国政治史研究有重要贡献，也是近现代以来中国政治史研究的核心课题"。⑥政治集团理论的奠基性著作为陈寅恪于1943年出版的《唐代政治史述论稿》，作者在该书中正式提出"关陇集团"概念，即"融合其所割据关陇区域内之鲜卑六镇民族，及其他胡汉土著之人为一不可分离之集团"⑦。相应地，陈寅恪

① 参见杨军：《牧场与契丹人的政治》，《首都师范大学学报》2017年第2期，第1–5页。
② 陶莎：《犁向西北：辽朝上京道农业发展轨迹》，《云南民族大学学报》2019年的4期，第112–118页。
③ 参见李符桐：《回鹘与辽朝建国之关系》，收入氏著《李符桐论著全集》（第二册），学生书局1992年版，第263–405页；王小甫：《契丹建国与回鹘文化》，《中国社会科学》2004年第4期，第186–202页。
④ 参见尤李：《道教与辽朝政权合法性的构建》，《中国史研究》2020年第1期，第80–97页。
⑤ 参见孟凡云：《耶律阿保机的神化活动及特点》，《北方文物》2005年第4期；邱冬梅：《辽代契丹萨满教研究》，吉林大学2017年博士学位论文，第104–108页。
⑥ 参见范兆飞：《中古地域集团学说的运用及流变——以关陇集团理论的影响为线索》，《厦门大学学报》2016年第1期，第13页。
⑦ 参见陈寅恪：《唐代政治史述论稿》，上海古籍出版社1997年版，第14页。

又归纳出了"山东集团"①，通过观察"关陇集团"与"山东集团"的互动，勾勒出了隋唐政治史中的一条重要研究线索。

政治集团理论经陈寅恪而发扬光大，成为政治史研究的重要方法论。在辽史研究中，政治集团理论得到了一定程度的应用。但由于辽朝的特殊性，政治集团视角下的辽史研究，往往是以家族史的视角展开的。换言之，与其他王朝政治集团主要体现为地域集团不同，辽代政治集团主要体现为血缘团体。相关研究主要包括"对皇族与后族的研究""对汉人世家大族的研究""对汉官群体的研究"。

正如《辽史》所言，"辽之共国任事，耶律、萧二族而已"②，"辽之秉国钧，握兵柄，节制诸部帐，非宗室外戚不使"③。辽朝统治集团中，最核心的是皇族与后族。皇族与后族，是辽史研究中的热点问题，④但从政治集团角度进行的研究相对少见。铁颜颜《皇族与辽朝政治研究》将皇族视为一个政治集团，在探讨其形成、范围、特权以及政治影响之外，对皇族与后族、"汉人、渤海人官僚集团"、"奚人官僚集团"的关系进行了研究。⑤可见作者至少归纳出了"皇族""后族""汉人、渤海人官僚集团""奚人官僚集团"四个政治集团。孙伟祥《后族与辽朝政治研究》在理清后族渊源、发展、支系、特权的基础上，对"辽朝后族与皇族的政治关系"进行了探索，通过辽中后期的几个重大政治事件，研究了二者的"政治博弈"。不难发现，上述两篇博士论文将辽朝皇族、后族分别作为一个政治集团，在此视角下探讨二者对辽朝政治的影响。皇族与后族的互动关系，是我们认识辽朝政治的重要线索，但具体至二者内部，情

① 关于陈寅恪"山东集团"概念，参见仇鹿鸣：《陈寅恪"山东集团"辨析》，《史林》2004年第5期，第70–76页。
② 《辽史》卷106《卓行传》，第1615页。
③ 《辽史》卷114《逆臣下》，第1668页。
④ 相关研究，已有论著进行了系统的梳理。参见孙伟祥：《后族与辽朝政治研究》，吉林大学2015年博士学位论文，第2–12页；史风春：《辽朝后族诸问题研究》，人民出版社2017年版，第1–15页；铁颜颜：《皇族与辽朝政治研究》，吉林大学2019年博士学位论文，第3–13页。
⑤ 参见铁颜颜：《皇族与辽朝政治研究》，吉林大学2019年博士学位论文。

况又有差别。辽朝皇族是一个血缘单一的家族，而后族的主体则包含述律后父族、述律后母前夫之族两个血缘家族，后族这两大分支有时也被学者从政治集团角度加以认识。蔡美彪《辽代后族与辽季后妃三案》率先提出，辽中后期齐天后、懿德后、文妃遇害案皆由后族内部不同派系间的权力斗争所致，这一权力斗争主要发生在述律后父族与述律后母前夫家族之间。①张国庆、王善军对相关问题的研究，同样在这一理路下进行，皆从后族两大派系的政治对立入手，把握辽中后期复杂的政治局势。②熊鸣琴《钦哀后家族与辽道宗朝党争考论》在对钦哀后家族成员政治立场进行个案分析的基础上，指出此家族并非一个统一行动的政治群体，③从而否定了述律后父族、母前夫家族作为政治集团存在的合理性。这提示我们，在采用政治集团理论时，不能忽视集团内部成员在政治立场上的个体差异，避免只见政治集团理论"只见森林，不见树木"的弊病。

　　除皇族和后族以外，辽朝统治集团中还包含奚、渤海世家大族，以及以韩、刘、马、赵为代表的汉人世家大族。王善军的博士论文《辽代世家大族研究》和在此基础上著作的《世家大族与辽代社会》，对辽代的世家大族进行了全景式研究，并梳理了相关的研究成果。④蒋金玲《辽代汉族士人研究》虽以汉族士人为对象，但也涉及了不少关于辽代汉人世家大族的内容。⑤王善军、郝振宇《辽西夏金宗族研究综述》对2018年以前有关辽朝宗族的研究进行了综述，有关辽代世家大族的研究也包含在内。⑥

---

① 参见蔡美彪：《辽代后族与辽季后妃三案》，载氏著：《辽金元史考索》，第100-125页。

② 参见张国庆：《辽代党争探论》，《黑龙江民族丛刊》2006年第5期，第77-83页；王善军：《耶律乙辛集团与辽朝后期的政治格局》，《学术月刊》2008年第2期，第132-139页。

③ 参见熊鸣琴：《钦哀后家族与辽道宗朝党争考论》，《中国史研究》2013年第2期，第109-120页。

④ 参见王善军：《辽代世家大族研究》，河北大学2001年博士学位论文；《世家大族与辽代社会》，人民出版社2008年版。

⑤ 蒋金玲：《辽代汉族士人研究》，吉林大学2010年博士学位论文。

⑥ 参见王善军、郝振宇：《辽西夏金宗族研究综述》，收入姜锡东主编：《宋史研究论丛》（第二十二辑），河北大学出版社2018年版，第437-457页。

四、关于契丹族群的研究

以契丹族群为对象的研究，探讨的焦点多为契丹族源。经过长期的积累，学界对契丹族源大致形成了两种认识，一是东胡鲜卑说，二是蒙古系种族说。相关研究已有系统的梳理和述评，本书不再赘述。[①]

史籍中有关契丹族群形成及演变的直接记载极少，以至于学界的相关研究难以展开。但部分对辽代契丹祖先传说的研究，涉及了契丹族群的形成。契丹祖先传说中最重要的是青牛白马传说和奇首可汗传说，其中前者被认为透露出了某些契丹早期族群融合的信息。爱宕松男《契丹古代史研究》将青牛、白马与辽代契丹人的耶律、萧两姓联系起来，认为二者对应两个世代通婚的"半族"，青牛、白马便是这两个"半族"的图腾。[②]由于爱宕松男将耶律与萧视为全体契丹人皆拥有的姓氏，因此青牛、白马两个"半族"便构成了契丹族群。蔡美彪《契丹部落组织和国家的产生》亦从族群形成角度看待青牛白马起源传说，认为青牛和白马象征着契丹最初的两个原始氏族，在唐代演变为两个互相通婚的外婚集团，并将二者与分别由李尽忠、孙万荣领导的两个部落联盟联系起来，认为它们是契丹族群的重要组成部分。[③]

在从祖先传说角度分析契丹族群的研究成果中，最重要的当属杨军2014年发表的论文《契丹始祖传说与契丹族源》。作者认为，奇首可汗的原型为领导宇文鲜卑迁入辽西的莫那，奇首可汗传说透露出，契丹族源为宇文鲜卑；青牛白马传说则透露出了有关唐代契丹族群融合的信息——唐开元、天

---

① 参见任爱君：《关于契丹族源诸说新析》，收入齐木德道尔吉主编：《蒙古史研究》（第七辑），内蒙古大学出版社2003年版，第31-46页；苏丹：《20世纪80年代以来契丹族族源研究综述》，收入姜维东主编：《东北亚研究论丛》，东北师范大学出版社2012年版，第277-286页；郭晓东：《20世纪以来契丹族源研究述评》，《辽宁工程技术大学学报》，2017年第2期，第113-118页。

② 参见爱宕松男：《契丹古代史研究》，第12-22页、第78-86页。

③ 参见蔡美彪：《契丹部落组织和国家的产生》，收入氏著：《辽金元史考索》，第28-29页、第61-63页。

宝之际，部分室韦、回鹘人群加入到了以宇文鲜卑为族源的契丹人群之中，后来形成了新的契丹族群。①更重要的是，作者结合相关地理信息，指出后来建立辽王朝的阿保机家族正出自开元、天宝之际新融入契丹的外来人群。杨文对青牛白马起源传说的解读，揭示了唐代契丹族群的一次重要变化，并创造性地揭示了辽朝皇族在契丹族群中的"外来者""后来者"属性，为契丹族群研究开辟了新视角。近年来，苗润博《契丹建国前史发覆——政治体视野下北族王朝的历史记忆》在对比不同源流文献所载契丹建国前史差异的基础上，提出在可突于之乱期间，原本来自不同地域、分属不同游牧政治体的成员在可突于领导下共同对唐作战，大量融入契丹集团；并认为来自大兴安岭南麓的阿保机家族及来自回鹘的糯思—述律平家族很可能都是在这一时期才加入契丹族群的后来者。②

五、对现有研究成果的反思

学界对契丹政治体与族群形成的研究成果丰富，且视角多元。特别是建国史方面，重要问题几乎皆得到了充分的关注和讨论，这为本书的写作创造了良好的条件。但目前的研究中也存在一些问题。

其一，早期的契丹建国前史研究，多少存在同质化的现象。特别是对唐代契丹史的研究，多采取《辽史》所提供的"大贺—遥辇—辽朝"三段式叙述框架。这种叙述框架虽然能为我们提供一条清晰的认识线索，但过于清晰的线索，反而容易忽视历史的复杂性。当然，20世纪初以来，学界不乏对《辽史》叙事框架的批判，特别是近年来苗润博以博士论文为代表的一系列研究，对《辽史》及其他史书中有关契丹早期历史的记载进行了细致而全面的史料批判，为契丹早期史研究开辟了的新空间。但相关研究是以历史文本为对象展开的，并非狭义上的契丹早期史和建国史研究。史料批判是我们研究契丹建国前史的基础，但在将史料批判作为一种主要研究方法时，我们容

① 参见杨军：《契丹始祖传说与契丹族源》，《首都师范大学学报》2014年第6期，第1页。
② 参见苗润博：《契丹建国前史发覆——政治体视野下北族王朝的历史记忆》，《历史研究》2020年第3期，第59-60页。

易出现对史书记载的轻易否定。如《辽史》记载，契丹早期存在一个"古八部"时期。学界长期以来一直有否定"古八部"存在的倾向。但最近公布的墓志表明，契丹在北齐至唐初的确存在过一个八部联合体。虽然这不意味着史官在《辽史》中书写"古八部"时必然有坚实依据，但却提醒我们在进行史料批判时，要注意避免矫枉过正。

其二，在契丹建国史方面，政治史视角下的研究逐渐减少。史籍中有关契丹建国的记载相对较少，而且多已被学界充分关注和利用。加之契丹建国史曾是辽史研究的热门领域，因此目前从政治史视角开展研究，面临着"题无剩义"的困境。此外，中原文献和《辽史》中有关契丹建国的记载，不乏相互矛盾之处，导致从政治史角度展开的建国史研究容易出现难以自圆其说的情况。因此目前对契丹建国史的研究，大多从非政治史的视角展开。近年来，出土墓志为政治史视角下的契丹建国问题开辟了空间。一方面，以曾成为代表学者充分发掘唐代墓志中关于契丹的信息，扩展了我们对唐代契丹的了解；另一方面，契丹文墓志的出土和解读，也为我们提供了一些契丹早期的历史信息。随着新资料的出现和解读，重新从政治史角度研究契丹建国史，或许已经成为可能。

其三，有关契丹族群的研究相对较少。学界对契丹族群的研究，主要集中在对族源的探讨上。契丹族群的形成、演变以及范围、边界，则较少得到关注。时至今日，我们仍不清楚契丹族属的标志是什么，以及如何判断一个人的族属身份是不是契丹。当然，由于材料的缺乏，关于契丹族群的研究难度较大。在这种情况下，从族群核心来把握和认识契丹，是较为可行的方法。

其四，理论应用方面存在不足。受时代背景影响，早期对契丹建国前社会组织及契丹建国史的研究，存在过度依赖部落联盟理论的问题。近年来随着酋邦理论的引入，学界开始将其应用于契丹史研究。但无论是部落联盟还是酋邦，都是对人类社会某阶段社会组织形态的总结和抽象性描述，很难应用于对契丹史具体问题的研究。其实在中国其他断代的历史研究中，存在着一些可以利用的理论，有待我们来移植到辽史研究中来。例如将中古史研究中常见的政治集团理论应用于辽史研究，或许会对契丹建国历程有新的认识。

上编：契丹政治体的形成

契丹建国史为辽史乃至北方民族史研究的热点，相关研究主要围绕辽朝建立的经过而展开。然而契丹建国史并非辽朝建国史所能概括。阿保机代遥辇氏而立国，辽朝建立在遥辇氏政权的基础之上，后者才被辽人视为契丹有国之始。遥辇氏政权的形成，又与北齐、隋、唐以来的契丹八部组织有密切的关系。辽朝建国有其深远的渊源，因此有必要从长时段观察契丹政治体的形成过程。

辽朝虽为皇权国家，但同时有着较强的贵族政治色彩。以皇族、后族为代表的世家大族对辽政权始终有重要影响，帝、后二族也构成了辽朝统治集团之核心。这一政治形态源自其特殊的建国模式，与辽太祖所构建的权力网络有着密切关系。探讨辽朝建国史，有必要对辽朝统治集团的形态及其生成过程加以考察。

上编将从两个角度，对契丹政治体的形成展开讨论。第一章以皇权的形成为线索，考察契丹政治体由八部联盟向皇权国家的演变，从长时段探讨契丹国家政治体的生成过程。第二章以阿保机集团的人员构成和权力结构为线索，还原阿保机创业建国历程中的权力网络，探讨这一网络对辽朝统治集团以及政治形态的影响。

第一章　契丹皇权的产生

　　辽朝是由契丹人建立的皇权国家。相较于中原王朝，辽朝虽然存在一些"游牧国家"色彩，[①]但皇权始终是最高的政治权力。然而北族社会并无首领专制集权的传统，内亚汗权体制更多呈现出"有限性君权"的特征。[②]那么带有鲜明中原特色、以专制集权为核心特征的皇权，[③]是如何在契丹政治体中生成的？本章将对契丹政治体自隋唐至辽初权力结构的演变进行回顾，探讨源自中原的皇权是如何在契丹社会中孕育并产生的。

[①]　宫脇淳子提出了"游牧帝国"的概念，并指出其本质上近似部落联合体。傅乐焕、陈述亦分别从不同角度指出了辽朝政体的松散性；尤李也指出，辽朝只是一个形式上的统一帝国，实质上则是一个松散的政治军事联盟体。参见宫脇淳子：《最后的游牧帝国：准噶尔部的兴亡》，第161–162页；傅乐焕：《辽史丛考》，中华书局1984年版，第96页；陈述：《契丹史论证稿》，山西人民出版社2014年版，第113–117页；尤李：《道教与辽朝政权合法性的构建》，《中国史研究》2020年第1期，第97页。

[②]　参见钟焓：《"四海之内皆可汗"——论内亚汗权体制中的"有限性君权"》，《文化纵横》2017年第4期，第118–128页。

[③]　刘泽华用"地位独尊""势位独一""权力独操""决事独断"来概括皇权，指出中国古代皇权社会中不存在"二元"或"多元"的权力结构，权力结构的一元化是皇权的根本特征。参见刘泽华：《中国政治思想史集》（第一卷），人民出版社2008年版，第4–5页。吴晗亦指出，中国古代社会中不存在能够绝对约束皇权的力量，独裁是古代皇权的一贯特征。参见吴晗：《论皇权》，收入费孝通、吴晗等：《皇权与绅权》，华东师范大学出版社2015年版，第30–36页。

第一节　松漠都督府权力核心的塑造与夭折

一、窟哥当政与松漠府权力结构的确立

贞观二十二年（648），窟哥率契丹八部联盟附唐。《新唐书·契丹传》记载：

> 窟哥举部内属，乃置松漠都督府，以窟哥为使持节十州诸军事、松漠都督，封无极男，赐氏李。以达稽部为峭落州，纥便部为弹汗州，独活部为无逢州，芬问部为羽陵州，突便部为日连州，芮奚部为徒河州，坠斤部为万丹州，伏部为匹黎、赤山二州，俱隶松漠府，即以辱纥主为之刺史。[①]

窟哥受封"使持节十州诸军事"，说明松漠都督府下辖十州，但下文列举的却只有八部九州。《新唐书·地理志》记载，松漠都督府为"贞观二十二年（648）以内属契丹窟哥部置，其别帅七部分置峭落等八州"，接下来列举了七部八州：

> 峭落州 以达稽部置。　无逢州 以独活部置。　羽陵州 以芬问部置。　白连州 以突便部置。　徒何州 以芮奚部置。　万丹州 以坠斤部置。　匹黎州 以伏部置。　赤山州 以伏部分置。[②]

与前引《契丹传》的记载相比较可知，窟哥部就是纥便部，所置州为弹汗州。加上窟哥部，松漠都督府也仅九州，为何会有多出的第十州？我们来参照《资治通鉴》对同一事件的记载：

> （贞观二十二年）十一月，庚子，契丹帅窟哥、奚帅可度者并帅所部内属。以契丹部为松漠府，以窟哥为都督；又以其别帅达稽等部为峭落等九州，各以其辱纥主为刺史。[③]

---

① 《新唐书》卷219《契丹传》，中华书局1975年版，第6168页。
② 《新唐书》卷43下《地理七下》，第1127页。
③ 《资治通鉴》卷199，唐太宗贞观二十二年十一月庚子，第6376页。

从中可知，松漠都督府中除了以"别帅达稽等部"所置的九州外，还有以"契丹部"而置的松漠府。陈志坚指出，唐代州长官为刺史，但在设有都督府的州，州长官则称都督。[1]赖瑞和亦指出，唐代都督例由某一州的刺史兼领，都督同时也是治所州刺史。[2]可见松漠府本身也是一州，松漠都督窟哥同时也是"松漠州刺史"。所谓"十州"，即一府加九州。[3]这也说明，窟哥任松漠都督后，治所州并非其原本统领的纥便部弹汗州，而是松漠州。

唐前中期河北地区北族的内附，主要是以部落的形式归附，成为唐之羁縻府州。[4]而唐置羁縻府州时，基本遵循"全其部落，顺其土俗"[5]的原则。因此，唐羁縻府州的组织形态实际是北族部落联盟的组织形态的呈现。曾成将这种关系总结为"二元一体"，即松漠都督府表面为唐之羁縻府州，但底层仍是契丹原有之部落联盟。[6]因此，作为松漠府治所州的松漠州，即契丹部落联盟中的首领直辖部落——衙帐。[7]

---

[1] 参见陈志坚：《唐代州郡制度研究》，上海古籍出版社2005年版，第41页。

[2] 参见赖瑞和：《唐代高层文官》，中华书局2017年版，第391–394页。

[3] 《辽史》卷32《营卫志中》记载，松漠府多出的第十州为玄州（第429页）。这很可能是史官误会所致，但有学者赞同此观点。此外，蔡美彪已指出第十州为"松漠都督府大贺氏"。参见蔡美彪：《契丹的部落组织和国家的产生》，收入氏著：《辽金元史考索》，第26页。第十州为松漠府固无疑问，但将松漠府与大贺氏联系起来则依据不足，因为现存史料并不足以证明窟哥家族即大贺氏。

[4] 参见李碧妍：《危机与重构——唐帝国及其地方诸侯》，北京师范大学出版社2015年版，第269页。

[5] 《资治通鉴》卷193，唐太宗贞观四年三月丙子，第6188页。

[6] 参见曾成：《唐代幽营地域的族群与政治——以唐与奚、契丹的互动为中心》，武汉大学2015年博士学位论文，第56页。

[7] 曾成对此已有论证，参见《唐代幽营地域的族群与政治》，第57页。

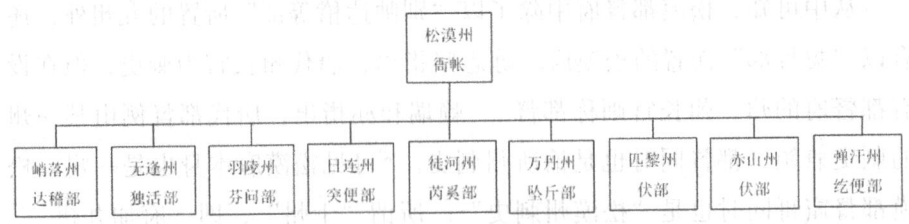

图1.1 唐松漠都督府组织结构示意图

（名称以《新唐书·契丹传》记载为准）

然而据前引《新唐书·地理志》，窟哥附唐时为纥便部之长，是以纥便部首领的身份带领其他七部而来。那么为何在松漠府设立之后，纥便部没有直接转化为衙帐，而是新建衙帐松漠州？关于这一问题，我们首先来看松漠州的形成，史籍对此虽无记载，但《册府元龟》透露了部分信息：

> 契丹帅窟哥、奚帅可度者并率其部内属，以契丹部为松漠都督府，拜窟哥为使持节十州诸军事、松漠都督；又以其别帅达稽部置峭落州，折纥使部置弹汗州……伏部置匹黎、亦山二州，各以其酋长辱纥主为刺史，俱隶松漠焉。[1]

引文与《新唐书》《唐会要》的记载大同小异，应皆源自《唐太宗实录》，只是在传抄过程中出现了细节差异。[2]"折纥使部"在《唐会要》《新唐书》中皆作"纥便部"，"使"显然是"便"之误，而多出"折"字，或为"析"之误。[3]松漠都督府成立时，纥便部可能被一分为二，一部置弹汗州，另一部分则作为衙帐继续由窟哥统领。东汉时鲜卑首领檀石槐曾立庭于弹汗山，统领鲜卑诸部。[4]对源自鲜卑的契丹人而言，"弹汗"一词

---

[1] 王钦若等：《册府元龟》卷977《外臣部·降附》，中华书局1960年影印本，第11480页。

[2] 这段记载在《唐会要》中时间为"贞观二十二年十一月二十三日"，具体至日，当源自永徽元年（650）完成的《唐太宗实录》。参见《唐会要》卷73"营州都督府"条，中华书局1955年版，第1319页。

[3] 由于《唐太宗实录》已佚，我们已无法根据原文判断孰是孰非。之所以认为《册府元龟》传抄有误，是因该书此段错漏较多。如"弹汗"一词，在《后汉书》《三国志》《旧唐书》《唐会要》中俱作"弹汗"；下文"拜可度为使持节六州诸军事"中，人名后脱"者"字。两处明显的笔误，说明《册府元龟》纂修者抄录此段史料时较粗疏草率。

[4] 参见《后汉书》卷90《乌桓鲜卑列传》，中华书局1965年版，第2989页。

当有特殊意义。唐以此作为纥便部州名,足见该部地位之特殊。①窟哥有二孙:一为李尽忠,继任松漠都督;二为枯莫离,任弹汗州刺史。②纥便部弹汗州后来仍旧由窟哥子孙统领,也说明纥便部当为窟哥原本统领的部落。窟哥在组建衙帐时从旧部中抽调亲信力量,完全合乎情理。

接下来的问题在于,为何会有析分部落之举?蔡美彪认为"按照唐制度,'总十州者'才可授予相当大都督的称号","唐朝称契丹八部为九州,并松漠府为十州,显是勉符此制,以便加号窟哥"。③但与窟哥同时附唐的奚王可度者仅率五部,并无凑足十州的需求,而唐在饶乐都督府中同样多置一州,可见唐此举恐怕不是为了凑数。唐北疆诸羁縻都督府下辖不足十州者众多,似乎也不必特意优待松漠都督。笔者认为,松漠都督府建立后的析分部落之举,是对北族自身首领建立衙帐传统的遵循;而窟哥在任松漠都督后才建立衙帐,当与契丹八部联盟首领家族在唐初的变化有关。

至晚在北齐时代,契丹已形成八部联盟,且出现了部落联盟长(下称"大蕃长")在同一家族内传承的现象。这在贞观十四年(640)《大唐故左屯卫郎将李公墓志铭》(下称《李范墓志》)中有所体现,志主李范为契丹首领摩会之子,其父至曾祖三代皆任大蕃长:

> 曾祖缬,齐授八部落大蕃长,并赐鼓纛,恩敕追入,加左屯卫大将军、金紫光禄大夫。

> 祖毕,属随(隋)运肇基,输诚内附。……遂得厚秩尊官,仕同先职,诏授契丹大蕃长。……加授左光禄大夫、左卫大将军,封长松郡公。

> 父摩会,……以武德元年授本部八蕃君长,仍赐鼓纛,加上柱国、

---

① 杨军指出"纥便部的州名弹汗,应与鲜卑檀石槐汗庭所在的弹汗山有关",并推测"大贺氏联盟的最高首领出自设为弹汗州的纥便部"。参见杨军:《契丹早期部族组织的变迁》,收入余太山、李锦绣主编:《丝瓷之路——古代中外关系史研究》(第二编),商务印书馆2012年版,第109–110页。

② 参见《新唐书》卷219《契丹传》,第6168页。但枯莫离在《旧唐书·契丹传》中作"祜莫离",为窟哥曾孙。参见《旧唐书》卷199下《契丹传》,第5350页。

③ 蔡美彪:《契丹的部落组织和国家的产生》,收入氏著:《辽金元史考索》,第26页。

左武卫将军，封长松公。①

李范祖先连续三代任大蕃长，说明北齐至唐初，契丹八部联盟首领应已大致在摩会家族内部传承。《北史·契丹传》记载"隋开皇四年（584），率诸莫贺弗来谒。五年，悉其众款塞"②，消失的主语应即李范之祖毕。但摩会家族对八部的控制并不牢固。《隋书·契丹传》记载开皇六年（586）契丹"诸部相攻击，久不止"③，大蕃长甚至不能制止八部的互相攻伐。另外摩会武德元年（618）虽已被唐封为"八蕃君长"，但武德中契丹仍出现"君长或小入寇边"④的情况，同样说明摩会无法禁止各部的擅自行动。这一局面当然与首领个人能力有关，但更加可能的是，大蕃长本身就对诸部首领缺乏强制力。《北史·契丹传》称契丹八部"有征伐，则酋帅相与议之，兴兵动众，合如符契"⑤，应即对隋末唐初契丹部落联盟政治形态的描述。在这一时期，大蕃长虽拥有名义上的部落联盟首领地位，但无法对诸部进行强有力的控制，契丹八部联盟的权力结构较为松散。

摩会家族成员任大蕃长的局面在贞观年间发生了变化。摩会于贞观七年（633）去世，年幼的儿子李范未继任大蕃长，而是终生居留长安。⑥《李范墓志》描述的"痛家道之湮沉""悲门荫之不传"⑦，多少反映了其家族的没落。摩会死后，中原史籍对契丹的记载出现了一段空白，我们对契丹当时的社会情形知之甚少，但《旧五代史·契丹传》中有如下记载：

及钦德政衰，有别部长耶律阿保机，最推雄劲，族帐渐盛，遂代

---

① 《大唐故左屯卫郎将李公（范）墓志铭》（贞观十四年），陕西省考古研究院：《陕西省考古研究院新入藏墓志》，第19页。

② 《北史》卷94《契丹传》，中华书局1974年版，第3128页。

③ 《隋书》卷84《契丹传》，中华书局1973年版，第1881页。

④ 《新唐书》卷219《契丹传》，第6168页。

⑤ 《北史》卷94《契丹传》，中华书局1974年版，第3128页。

⑥ 据《李范墓志》记载，李范十四岁丧父，其本人于贞观十四年（640）去世，享年二十一岁。可见其父摩会殁于贞观七年（633）。参见《大唐故左屯卫郎将李公（范）墓志铭》，陕西省考古研究院：《陕西省考古研究院新入藏墓志》，第19页。

⑦ 参见《大唐故左屯卫郎将李公（范）墓志铭》，陕西省考古研究院：《陕西省考古研究院新入藏墓志》，第20页。

钦德为主。先是，契丹之先大贺氏有胜兵四万，分为八部，每部皆号大人，内推一人为主，建旗鼓以尊之，每三年第其名以代之。及阿保机为主，乃恃强恃勇，不受诸族之代，遂自称国王。①

其中提到，大贺氏时期契丹存在可汗推举、三年一届的制度。那么，"大贺氏"究竟属何年代。《旧唐书·契丹传》只是在总论部分提到契丹"君长姓大贺氏"②，并未给出时间断限，甚至未言明何人属于大贺氏；该传在提及诸位松漠都督时，皆未指出他们属大贺氏。从极为有限的史料看，唯一能确定出自大贺氏的正是摩会家族。《册府元龟》记载，贞观二年（628）四月"契丹太贺摩会率其部来降"③。"太贺"应即"大贺"。此记载时间较清晰，可能出自《唐太宗实录》。④"太贺"本义不明，或许是部落名称，也可能是北族官号，但在实录中与"摩会"连用，故被《旧唐书·契丹传》的编纂者认作君长之姓。故摩会家族担任八部大蕃长的时代，应即所谓的契丹大贺氏时期，时间上至少包含北齐至唐贞观前期。李范父祖三代任大蕃长，正是这种政治模式下被推选的结果，只能体现出其家族地位一时的稳定，并不意味着家族对大蕃长一职的独占。摩会死后，契丹八部可能经历了一段没有稳定统治家族的时期，《旧唐书·契丹传》中"若有征发，诸部皆须议合，不得独举。猎则别部，战则同行"⑤或许是这一时期八部松散关系的体现。

窟哥的崛起，结束了契丹八部群龙无首的状态。贞观十九年（645），唐太宗至营州，授窟哥左武卫将军。⑥在唐初，卫官身份的获取，对契丹人有着重要意义。《李范墓志》记载，缬、毕、摩会祖孙三代"大蕃长"分别

---

① 《旧五代史》卷137《契丹传》，中华书局2016年版，第2130页。
② 《旧唐书》卷199下《契丹传》，第5349页。
③ 《册府元龟》卷977《外臣部·降附》，第11397页。
④ 对相关记载史源的分析，参见苗润博：《从误解到常识：史源学视野下的唐代大贺氏契丹问题》，收入叶炜主编：《唐研究》第二十五卷，北京大学出版社2020年版，第254页。
⑤ 《旧唐书》卷199下《契丹传》，第5349—5350页。
⑥ 《旧唐书》卷199下《契丹传》，第5350页。

被唐授左屯卫大将军、左卫大将军、左武卫大将军。[①]卫官身份与契丹八部联盟长一职有着密切联系，受封左武卫将军，意味着窟哥应已成为唐太宗所瞩意的大蕃长人选。[②]值得注意的是窟哥此时在部落联盟内的身份。《旧唐书·契丹传》记载：

> 太宗伐高丽，至营州，会其君长及老人等，赐物各有差，授其蕃长窟哥为左武卫将军。[③]

太宗此行会见了契丹"君长"，而窟哥当时身为"蕃长"，两者身份不同。《旧唐书》在记录北族首领身份时用语有一定的规范性，"君"或"君长"对应的才是部落联盟长。如《旧唐书·室韦传》记载，室韦"无君长，有大首领十七人，并号'莫贺弗'"[④]。"君长"显然是"大首领"之上、更高一级的领导。《李范墓志》记载，摩会在武德二年（619）已任"八蕃君长"，即部落联盟长。[⑤]《旧唐书·契丹传》在记载贞观二年（628）摩会附唐时，亦将其身份写作"君"。[⑥]可见任"蕃长"时的窟哥并非契丹八部联盟长，而只是一部之长。《唐会要》亦记载"贞观二十二年（648）十一月二十三日，契丹酋长窟哥、奚帅可度者，并率其部内属"[⑦]。其中窟哥身份为"契丹酋长"，可度者则为"奚帅"，同样体现了二人的身份差异。窟哥作为纥便部之长在贞观十九年（645）受封左武卫大将军，意味着他成为唐内定的部落联盟长人选；贞观二十二年（648）率众归附，被唐任命为松

---

① 缅、毕的卫官身份是由唐追授的。一个例证在于，隋炀帝大业三年（607）将"左、右领军府"改为"左、右屯卫"，此后才出现了"屯卫将军"。缅"左屯卫大将军"的身份显然不会是北齐授予的。参见李林甫等：《唐六典》，陈仲夫点校，中华书局2014年版，第623页。此外，从《李范墓志》中"恩敕"一词来看，缅的卫官身份应是由唐所追授。

② 《新唐书》卷219《契丹传》记载"帝（即唐太宗）伐高丽，悉发酋长与奚首领从军"（第6168页）。窟哥得到封赏，或许与随同唐太宗征高句丽有关。

③ 《旧唐书》卷199下《契丹传》，第5350页。

④ 《旧唐书》卷199下《室韦传》，第5357页。

⑤ 参见《大唐故左屯卫郎将李公（范）墓志铭》，陕西省考古研究院：《陕西省考古研究院新入藏墓志》，第19页。

⑥ 《旧唐书》卷199下《契丹传》，第5350页。

⑦ 《唐会要》卷73"营州都督府"条，中华书局1955年版，第1319页。

漠都督，这才成为真正意义上的八部联盟长。

窟哥由部长升任部落联盟首领，身份发生了变化，因而契丹部落联盟的组织结构也随之进行了调整，结果便是衙帐松漠州的产生。在北族国家中，新汗的确立通常伴随着可汗直属部落的建立，即所谓之"建牙"。如贞观十三年（639），唐太宗立阿史那思摩为突厥可汗，思摩"率所部建牙于河北"；永徽二年（651），阿史那贺鲁自号沙钵罗可汗，亦"建牙于双河及千泉"。①这种制度在契丹也存在。契丹遥辇时期有九位可汗，辽代契丹有遥辇九帐，《辽史·国语解》解释为"遥辇九可汗宫分"②。"宫分"在辽代指斡鲁朵。遥辇时期斡鲁朵制度尚未形成，遥辇九帐实质上就是九位遥辇可汗的衙帐。无论是大贺时期的大贺长，还是遥辇时期的可汗，都是部落联盟之长，而非某部之长，因此他们在成为部落联盟长时需要脱离原本所属的部落。《虏庭杂纪》记载：

> 太祖（耶律阿保机）生而智，八部落主爱其雄勇，遂退其旧主阿辇氏归本部，立太祖为王。③

痕德堇可汗退位后"归本部"，说明他在担任可汗期间脱离本部。由此便可理解，为何窟哥在由部落首领变为大贺长时要脱离所出之纥便部，为何松漠都督府成立后多出了松漠州。窟哥在组建衙帐时最简单、可靠的方式，显然是直接从本部抽调人马，这就应是析分纥便部置松漠州的原因。

松漠都督府的建立，标志着唐太宗开始扶持窟哥以控驭八部，以松漠都督为核心的权力结构在契丹八部联盟中正式形成。这一权力结构稳定的关键，在于窟哥家族对松漠都督一职的独占。松漠府建立后，都督的传承始终不出窟哥家族。④八部选汗、轮流坐庄的现象从未出现，八部联盟进入

---

① 《旧唐书》卷144上《突厥上》，第5163页；《旧唐书》卷144下《突厥下》，第5186页。值得注意的是，突厥拥有衙帐者不唯可汗，可敦及成年后在外统兵的可汗子弟亦可建牙。

② 《辽史》卷116《国语解》，第1693页。

③ 《资治通鉴》卷266，"后梁太祖开平元年五月"条考异引《虏庭杂纪》，第8677页。

④ 参见《旧唐书》卷199下《契丹传》，第5351页。

"家天下"时代。①窟哥家族作为权力核心的稳定性，在李尽忠、孙万荣之乱中有所体现。契丹部落在叛乱中损失惨重，松漠都督李尽忠、归诚州刺史孙万荣兵败身死，部分首领降唐，余众降附突厥。②但当契丹八部于开元三年（715）重新附唐时，联盟长仍是出自窟哥家族的李失活。万岁通天元年（696）的营州之乱，始作俑者为窟哥之孙李尽忠。但唐玄宗并未因此更换都督人选，而是依旧命尽忠之弟失活为都督，且承认其在叛降突厥期间所建立的统治秩序，对他所统辖的八部落"各因旧帅拜为刺史"③。

松漠府权力核心的稳定，与唐王朝的干预有很大关系。唐的册封、赐姓以及通婚既从软实力层面提高了都督的威望，也赋予了首领特殊的政治地位和经济特权；④更重要的是，较之前代以封贡为主的松散管理，唐王朝对契丹的羁縻统治更为有力，直接影响了契丹部落联盟长的选任方式：北族旧制下部落联盟长受到推举制和任期制的束缚，但唐任命的都督却不受此草原传统的约束。唐王朝的外力干预压倒了北族"贵族政治"的传统，直接在八部联盟中塑造了新的权力核心。不唯如此，唐置羁縻府州对八部联盟的组织结构也有影响，匹黎、赤山二州的建立可能与此有关。前引《新唐书·契丹传》提到，贞观二十二年（648）唐以契丹八部置松漠府十州时"伏部为匹黎、赤山二州"。《唐会要》则记载为"出伏部置匹黎、赤山二州"⑤。"伏部"应即"出伏部"之误。《北史·契丹传》记载，隋开皇年间"契

---

① 摩会家族也多次担任八部联盟长，但仅从墓志看，我们无法得知他们是不是连续担任的，所以还不能说联盟长为摩会家族完全掌控。而在松漠都督府中，每一代都督都出自窟哥家族，因此我们可以说，松漠都督府建立后，契丹八部联盟进入"家天下"时代。这是契丹由部落联合体向国家演进的重要一环。

② 降唐者如李楷固、骆务整，原本皆是"李尽忠之别帅"，应为松漠府部落首领。参见《旧唐书》卷89《狄仁杰传》，第2893页。

③ 《旧唐书》卷199下《契丹传》，第5351页。

④ 此政治地位，指不受选举和任期限制的稳固首领地位。经济特权指接受并再分配唐朝赏赐的权力，关于其对游牧政权及首领的意义，参见巴菲尔德：《危险的边疆——游牧帝国与中国》，袁剑译，江苏人民出版社2011年版，第56-59页。唐对松漠都督府的赏赐的案例，可见下文所引的唐玄宗赐物敕书。

⑤ 《唐会要》卷73"营州都督府"条，中华书局1955年版，第1320页。

丹别部出伏等背高丽，率众内附"①。出伏部原本不属八部联盟，而是自高句丽而来的独立一部。该部后来成为窟哥统领的八部之一，贞观二十二年（648）仍保持"出伏"之名，应维持着自高句丽而来时的建置，是八部联盟中较为独立的一部。唐置松漠府时未完全遵循"全其部落"的原则，而是将出伏部分置两州，直接改变了松漠府部落联盟的组织结构。此举应是对松漠府统治秩序的理顺，也在一定程度上强化了松漠都督对下辖诸部的统治。

总之与前代相比，松漠府权力结构更为紧密，窟哥家族作为权力核心的地位也更加稳定。长期任职、地位稳定、家族内部传承的部落联盟首领，其权力实质上已有皇权的雏形。松漠都督府建立之际，窟哥当然无法预见其重要意义，但事后来看，这的确是契丹政治体发展史上一个极为重要的时间节点。当然，契丹皇权的产生在当时并非必然结果。窟哥成为松漠都督后脱离了其原本所统领的纥便部，从中带出部分力量以组建衙帐。唐所赋予的官号、通婚关系、赏赐对窟哥家族而言只是软实力，衙帐才是松漠都督所能直接凭借的硬实力。但在开元年间，松漠都督对衙帐的掌控出现问题，衙官可突于的乱政导致了松漠都督府的瓦解。

二、衙官乱政与松漠府权力结构的崩溃

衙官可突于何以乱政？这涉及"衙官"在契丹的地位和职能。学界对唐代契丹衙官的定义尚未达成一致，蔡美彪、李桂芝认为，衙官是部落联盟首长下、掌握了军事领导权的军事首长。②李大龙、刘海霞认为，唐代北族政权中的衙官并非北族旧有的官职，而是来自唐朝，属于随着羁縻府州或和亲而出现的官称；设置衙官是唐管控羁縻府州的手段之一，契丹也不例外。③肖爱民认为，衙官是唐"边境游牧民族都督府掌兵马的官员，职位仅次于都督"，同时又是"管民之官"，并推测可突于、李过折二位衙官就是"两翼

①《北史》卷94《契丹传》，中华书局1974年版，第3128页。
② 蔡美彪：《契丹的部落组织和国家的产生》，收入氏著：《辽金元史考索》，第31页；李桂芝：《契丹大贺氏遥辇氏联盟的部落组织——〈辽史·营卫志〉考辨》，《庆祝王锺翰先生八十寿辰学术论文集》，沈阳：辽宁大学出版社，1993年版。
③ 李大龙、刘海霞：《唐代契丹的衙官》，《中国边疆史地研究》2012年第3期，第92页。

制度"下分领两翼的长官,即南、北宰相。[1]曾成认为衙官是"唐人对诸藩内部某一类官员群体的比拟与译称";具体至契丹衙官,此群体则指"在契丹衙帐,亦即契丹部落联盟长的直辖部落中任职",负责掌管衙帐兵马的官员,人数至少三到四人。[2]笔者赞同曾成的定义,但对契丹衙官地位和执掌还可再做讨论。以往对契丹衙官的讨论多强调唐制的影响,[3]或是在研究思路上通过唐藩镇衙官来类比契丹衙官。[4]不可否认,唐与契丹的衙官存在某些相似性,但这种中原视角多少影响了我们对北族职官的认识。衙官是唐代北族国家或部落组织中的常见官职,在突厥、回纥、契丹、突骑施、奚皆曾出现,从北族视角重新审视契丹衙官,或许能让我们对其产生更全面的认识。

契丹曾受突厥统治,制度与文化多受其影响。[5]史籍中关于突厥衙官的记载较多,为我们了解北族衙官的职能和地位提供了条件。《旧唐书》卷194《突厥上》记载:

> 毗伽可汗以开元四年(716)即位……乃召默啜时衙官暾欲谷为谋主。初,默啜下衙官尽为阙特勤所杀,暾欲谷以女为小杀可敦,遂免死。废归部落,乃复用,年已七十余,蕃人甚敬伏之。[6]

引文体现出突厥衙官的诸多特征。第一,突厥衙官为可汗亲随,有一定私属性。阙特勤在政变中"杀默啜子小可汗及诸弟并亲信略尽",[7]几乎"尽为阙特勤所杀"的衙官显然是默啜亲信。第二,任衙官者会脱离原属的

---

① 肖爱民:《北方游牧民族两翼制度研究》,人民出版社2007年版,第189页。

② 见曾成:《唐代契丹的权力结构和可突于之叛》,《理论月刊》,2015年第11期,第74—75页。

③ 如李大龙、刘海霞:《唐代契丹的衙官》,《中国边疆史地研究》2012年第3期,第94—101页。

④ 如肖爱民认为,衙官"本为唐朝官名,为边镇节度使帐中领兵之官,后来也被用来称呼边境诸游牧民族都督府的掌兵马的官员"。参见肖爱民:《北方游牧民族两翼制度研究》,第188—189页。曾成亦指出"唐人之所以将此类官员称为衙官,是因为其在性质或职责方面,类似于唐代节镇、州府中的衙官"。参见曾成:《唐代契丹的权力结构和可突于之叛》,《理论月刊》2015年第11期,第74页。

⑤ 《新唐书》卷219《契丹传》记载,契丹"风俗与突厥大抵略侔"(第6167页)。

⑥ 《旧唐书》卷194上《突厥上》,第5173页。

⑦ 《旧唐书》卷194上《突厥上》,第5173页。

部落。暾欲谷在默啜可汗死后"废归部落",说明他在任衙官期间是脱离本部的。突厥可汗组建衙官队伍的方式,很可能是从诸部抽调人员;出任衙官者则需脱离原属部落。第三,衙官并非狭义的可汗"护卫"。暾欲谷被毗伽可汗复用时已年过七十,显然在默啜可汗执政末期就已年老,应难以承担实际的护卫任务。

此外,衙官虽为可汗近僚,但未必局限于衙帐中任职。刻于唐永泰元年(765)的《康阿义屈达干神道碑铭》记载:

> (阿义屈达干)曾祖颉利,部落都督。祖染,可汗驸马、都知兵马使。父颉利发,墨啜可汗卫衙官、知部落都督。皆有功烈,称于北陲。公即衙官之子也。[1]

颉利发为默啜衙官,但又"知部落都督"。从暾欲谷的年龄看,衙官一职正常情况下应不受任期、年龄限制,可终身任职。但作为衙官的颉利发却出任部落都督,说明衙官有外放为部落首领的可能,这或许是可汗加强对诸部控制的一种手段。[2]总之,衙官虽本意为衙帐之官,但任职区域未必局限于衙帐,不宜将其理解为绝对意义上的"帐下之士"[3]。

对突厥衙官有了基本的认识后,再来看其地位和职能。突厥文《暾欲

---

[1] 颜真卿:《赠开府仪同三司兼夏州都督康公神道碑铭》,《全唐文》卷342,中华书局1983年版,第3474页。该神道碑铭写作时间有永泰元年、二年两说,应以前者为是。参见岑仲勉:《突厥集史》,中华书局1958年版,第854页。

[2] 阿义屈达干曾祖、父亲皆担任部落都督。荣新江认为阿义屈达干为康国粟特人,祖先早年移居突厥汗国,其父祖所任的"部落都督",实际指其家族所属之粟特部落的首领。阿义屈达干所属的粟特人群,在进入突厥汗国后依然作为一个独立的粟特部落存在。参见荣新江:《安禄山的种族、宗教信仰及其叛乱基础》,收入氏著:《中古中国与粟特文明》,生活·读书·新知三联书店2014年版,第276-277页。此说存在推测成分,因为我们无法确定阿义屈达干曾祖、父亲出任的是哪一部落之首领。但无论此说正确与否,此碑铭都提示我们,突厥可汗衙官任职空间未必局限于衙帐,同样可能担任部落首领等"地方官"。

[3] 《张守珪墓志》将可突于被杀的场景描述为"帐下之士,斩之以降"。参见李志凡:《唐张守珪墓志浅释》,收入荣新江主编:《唐研究》(第五卷),北京大学出版社1995年版,第475页。而斩杀可突于者,为契丹衙官李过折,因此有学者将契丹衙官视为衙帐中的"帐下之士"。参见曾成:《唐代幽营地域的族群与政治——以唐与奚、契丹的互动为中心》,武汉大学2015年博士学位论文,第62页。

谷碑铭》为我们提供了从北族视角了解衙官的窗口。暾欲谷碑立于公元716年，即毗伽可汗即位之年，[①]用暾欲谷第一人称回顾了其辅佐颉跌利施可汗、默啜可汗时的功绩。暾欲谷在颉跌利施可汗时期的任职情况不明，在默啜可汗时期担任衙官，因此我们可通过碑文中暾欲谷在默啜可汗在位期间的事迹，来推测衙官的职能、地位。《暾欲谷碑铭》从第18行开始叙述默啜时期事件，暾欲谷以衙官身份在军政事务中发挥了重要作用。碑文第18、19行记载了突厥对唐河北地区的进攻：

> 突厥族为要征略，突厥可汗为要统治，须进至山东各城及海上，
> 且须将其毁破。予以此陈于吾可汗，得其出马，进至山东平原及海岸。
> 二十三城市都掠夺一空。[②]（岑仲勉译）

> 突厥人民有史以来，突厥可汗从即位以来，从未到过山东诸城和
> 海洋。我向可汗请求带军出征。我使军队到达山东诸城和海边，摧毁了
> 二十三座城池。[③]（耿世民译）

碑文所述，即圣历元年（698）默啜入侵唐河北地区之事。[④]衙官暾欲谷在决策中发挥重要作用，默啜可汗正是在他的建议下才发动了对河北地区的进攻。《暾欲谷碑铭》接下来记载，东突厥面临唐、西突厥、黠戛斯的三面夹击，暾欲谷精心谋划，制定作战方案：

> 予聆此讯，夜不成寐，昼不得安，于是予思。"吾人其先御黠戛
> 斯乎？"予说。当予闻仅有一路通过曲漫山，而此路又为雪封，予说：
> "吾人不宜取此路往。"予于是觅一乡导，得一人系来自远方之阿热族
> 者。[⑤]（岑仲勉译）

> 听到那些话后，我夜间睡不着觉，白天坐不下来。那时我想：先攻
> 打黠戛斯较好。我听说通往曲漫山的道路只有一条，并已为雪封住。如

---

① 参见耿世民：《古代突厥文碑铭研究》，中央民族大学出版社2005年版，第108页。
② 岑仲勉：《突厥集史》，第859页。
③ 耿世民：《古代突厥文碑铭研究》，第99页。
④ 参见岑仲勉：《突厥集史》，第870页。
⑤ 岑仲勉：《突厥集史》，第859页。

走这条路，将不合适。我寻找向导。我找到了一个漠地阿热人。[1]（耿世民译）

暾欲谷不仅谋划了先攻黠戛斯的作战方案，且亲自考察、制定了行军路线。默啜可汗与暾欲谷亲自统军，一战征服黠戛斯。在接下来对西突厥、唐军的作战中，默啜可汗命子小可汗为主帅，在暾欲谷的辅佐下统兵御敌：

但予足智暾欲谷彼则命令如下："汝可领导此军"，彼说；"加彼等以刑罚如汝视为适合者"。"何事予尚须委托汝乎？"彼说；"遇彼等进兵来时，则遣侦谍告予；如彼等不来，则镇静驻着，搜集报告及消息"，彼说。[2]（岑仲勉译）

他（引者注：默啜可汗）对我暾欲谷说：你领此军。你按自己的意见做出决定吧！我能向你说些什么呢？如果他们来的话，就加多报信的人。如果不来，就注意不断收集情报！[3]（耿世民译）

显然，筹官暾欲谷是真正的主帅。东突厥在战斗中以寡击众，战前诸将曾谋划撤退，但暾欲谷力排众议，大败敌军，迫使西突厥臣服。《暾欲谷碑铭》结尾对其功绩进行了总结：

因为彼之足智及英勇，颉跌利施可汗七攻唐人，七攻契丹，五攻回纥。其时彼之谋臣就是我，彼之将领就是我。对于颉跌利施可汗，突厥牟雨（引者注：即默啜）可汗，突厥毗伽可汗，……Qapayan可汗……。夜不成寐，昼不得安，流予红血，滴予黑汗，予已对彼等竭予辛勤及予力量，又予如此派其出发远征。Arqui-qarayu予曾扩大，一退却敌人予曾……；吾可汗予曾策动其出阵。[4]（岑仲勉译）

颉跌利施可汗由于其英明和勇敢，曾与唐朝交战十七次，与契丹交战七次，与乌古斯交战五次。那时其顾问也是我，其前敌官也是我。为颉跌利施可汗，为突厥默啜可汗，为突厥毗伽可汗我出了力。默啜可

---

① 耿世民：《古代突厥文碑铭研究》，第99-100页。
② 岑仲勉：《突厥集史》，第860-861页。
③ 耿世民：《古代突厥文碑铭研究》，第102页。
④ 岑仲勉：《突厥集史》，第862-863页。

汗二十七岁时，我辅佐他即位。我夜不能眠，昼不能坐，流鲜血，洒黑汗，我为国贡献了力量。我也派出了远征军。我扩大了禁卫队。我使叛服无常的敌人来归。我同我的可汗多次出征过。[1]（耿世民译）

从碑文来看，作为衙官的暾欲谷是突厥可汗之核心近僚，在突厥有"出将入相"般的崇高地位，对可汗的决策有重大影响力。在碑文中，暾欲谷被称为"谋臣"或"顾问"。《旧唐书·突厥传》记载，毗伽可汗即位后重新任用暾欲谷，"召默啜时衙官暾欲谷为谋主"[2]。从《暾欲谷碑铭》的记载看，暾欲谷在默啜时期的身份其实也类似"谋主"。不可否认，记功碑一定程度上会夸大碑主的身份和地位，但目前所发现的突厥汗国时期碑刻共五件，碑主除暾欲谷外皆为可汗、可敦或特勤，这本身也是暾欲谷身份和地位的体现。

突厥衙官身份地位极为重要，并非唐藩镇衙官所能比拟，汉文史籍中的"衙官"一词，只能体现出突厥衙官作为可汗近僚的身份属性，但无法准确地反映其地位。从暾欲谷事迹来看，突厥衙官是在衙帐任职的可汗亲随，由于陪侍可汗侧，故对军政事务颇具影响力；其职能无一定之规，既能任职于衙帐之中，也有机会出任部落首领。以暾欲谷为代表的高级衙官，具备辅政职能，对突厥汗国的军政事务有极为重要的影响力，地位近乎中原王朝之宰相。

关于唐朝衙官，《新唐书·百官志》"州"条下记载：

> 诸军各置使一人，五千人以上有副使一人，万人以上有营田副使一人。军皆有仓、兵、胄三曹参军事。刺史领使，则置副使、推官、衙官、州衙推、军衙推。[3]

《资治通鉴》胡注记载：

> 节镇、州、府皆有牙官、行官，牙官给牙前驱使，行官使之行役出

---

[1] 耿世民：《古代突厥文碑铭研究》，第105–106页。

[2] 《旧唐书》卷194上《突厥传上》，第5173页。

[3] 《新唐书》卷49下《百官四下》，第1318页。

四方。①

有学者认为，"唐末五代时期，节度使、观察使以及府州均置'衙官'，地位在推官之下，为正使文职辅僚"②，或认为"唐代在以此时领使的诸军及节镇、州府之中均设有衙官。所谓衙官，意即'牙前驱使'之官"③。可见学者或将唐朝衙官视为藩镇或府州文职僚佐，或视为"牙前驱使"之官。无论是从职能还是地位上，都无法很好地与突厥衙官对应。另外《新唐书·百官志》对衙官的记载并不见于《唐六典》，很可能是宋人追述的唐代后期州刺史领军制度。④而突厥、契丹等北族衙官早在唐前中期就已出现，因此不宜用唐朝衙官来比附北族衙官。

在对比了突厥与唐衙官之后，我们再来看契丹松漠都督府衙官的职能和地位。唐朝官方文书对此有所体现：

> 契丹有八部落，宜赐物五万段。其中取四万段先给征行游弈兵士及百姓，余一万段与燕公主、松漠王衙官、刺史、县令。⑤（开元十二年唐玄宗诏书）

> 敕契丹王据埒及衙官可突于、蜀活刺史郁捷等……冬末极寒，想卿及衙官、军吏、刺史以下及诸部落百姓平安好。⑥（张九龄《敕契丹王据埒、可突于等书》）

衙官在诏书中的排序仅次于公主及松漠都督。⑦饶乐都督府衙官在诏书中也有相同的排位：

> 奚有五部落，宜赐物三万段。其中取二万段先给征行游弈兵及百姓，余一万段与东光公主、饶景王衙官、刺史、县令。⑧（开元十二年

---

① 《资治通鉴》卷223，"唐代宗广德二年二月"条胡注，第7162—7163页。

② 陈国灿、刘建明主编：《〈全唐文〉职官丛考》，武汉大学出版社1997年版，第77页。

③ 曾成：《唐代契丹的权力结构与可突于之叛乱》，《理论月刊》2015年第11期，第74页。

④ 参见陈志坚：《唐代州郡制度研究》，上海古籍出版社2005年版，第107页。

⑤ 《册府元龟》卷975《外臣部·褒异三》，第11282页。

⑥ 《文苑英华》卷471《翰林制诏·契丹书》，中华书局1966年版，第2407页。

⑦ 开元三年（715）李失活受封松漠郡王，此为松漠都督封王之始。诏书中的"松漠王""契丹王"即松漠都督。

⑧ 《册府元龟》卷975《外臣部·褒异三》，第11282页。

唐玄宗诏书）

官方文书中的人名排序通常是政治地位的反映。在唐赐物文书中，衙官排序仅次于都督，而高于刺史，说明衙官在松漠府的地位仅次于部落联盟长，而高于诸部长。松漠都督无法履职时，衙官甚至可能暂代其职。《册府元龟》记载：

（开元五年）六月己丑，松漠郡王失活卒，降书于契丹衙官、静析军副大使可突于曰："自从松漠郡王殂殁，已遣使吊祭。卿蕃部大臣，众情所望，事生送死，惟义与忠，并敦旧好，以副深委。"[1]

李失活死后，唐玄宗致书可突于，可突于事实上已在代行都督职权。引文还透露出，可突于并非普通衙官，他在衙官之外还有静析军副大使的身份。静析军为开元四年（716）唐于松漠府所置，军使例由松漠都督担任。静析军、松漠府、八部联盟实为"三元一体"之关系。可突于静析军副使的身份，反映了他在松漠府、八部联盟中仅次于松漠都督的地位。从唐官方文书中可得到两个信息：首先，契丹衙官有较高的政治地位，仅次于都督，而高于各部首领。其次，衙官可突于的地位又高于普通衙官，身份类似暾欲谷所任之"谋主"。

衙官出自可汗直属的衙帐，与可汗的关系有一定私属性；相比之下，诸部首领则与可汗不具备私属关系。[2]从《北史》中的"有征伐，则酋帅相与议之，兴兵动众，合如符契"，到《旧五代史》所记载的"大贺氏……分为八部，每部皆号大人，内推一人为主，建旗鼓以尊之，每三年第其名以代之"，皆表明契丹诸部首领有较大自主性，甚至是对可汗权力的制约和威胁。北族游牧国家本质上是部落联合体，[3]可汗对诸部并不能实现制度性的控制。在此政治形态下，衙帐作为可汗所直接拥有的军事力量，是汗权稳固的基础；衙官作为与可汗私属之近僚，更是汗权的重要支

---

[1]　《册府元龟》卷992《外臣部·备御五》，第11652页。

[2]　为叙述方便，本书将松漠府的部落联盟长称为可汗。李尽忠在叛唐时便曾采用过可汗名号。

[3]　参见宫脇淳子：《最后的游牧帝国：准噶尔部的兴亡》，晓克译，内蒙古人民出版社2005年版，第161~162页。

撑辅弼。在这一情形下，衙官的政治行为便会直接影响到可汗权威。

开元六年（718），衙官可突于与都督娑固发生权力之争。可突于斩杀娑固，击败前来讨伐的唐、奚军队，此后又擅立郁于、邵固两任都督。[①]可突于自此成为松漠都督府的实际掌权者，被唐人描述为"执其国政"[②]。因此在开元年间，松漠府出现都督和衙官可突于两个权力核心。唐在征讨失败后"赦可突于之罪"，并承认了可突于擅立的松漠都督，默认了这一现状。开元十八年（730），可突于杀死出自窟哥家族的都督邵固，另立其他家族的屈列为联盟长，并降附突厥。[③]在突厥的援助下，可突于在开元二十年（732）大破唐军，此后又在唐、突厥两权力核心之间游移不定，利用二者间矛盾获取政治资源。开元十八至二十年，可突于权势达到顶峰，成为契丹部落联盟事实上的最高首领。

尽管如此，但可突于地位仍不稳固。首先，可突于从未成为部落联盟中唯一的权力核心。即使在终结窟哥家族的统治后，可突于也未自立为汗，而是立屈列为联盟长。屈列虽由可突于拥立，但毕竟不同于可突于自立；这也意味着可突于无法突破某种传统，难以大权独揽。其次，契丹衙官是一个群体，可突于无法控制整个衙帐，而他最终也死于另一衙官李过折之手。《旧唐书·契丹传》记载，李过折是与可突于分掌兵马的契丹衙官。[④]张九龄《敕契丹王据埒、可突于等书》则开篇记载"敕契丹王据埒及衙官可突于、蜀活刺史郁捷等"[⑤]。爱宕松男认为"郁捷"即遇折，

---

① 参见《旧唐书》卷199下《契丹传》，中华书局1975年版，第5352页。

② 《旧唐书》卷199下《契丹传》，第5352页。

③ 史书未记载屈列身世，但他应不出自窟哥家族。首先，《旧唐书》在记载此前的松漠都督时，皆提及他们为窟哥后裔；不言屈列身世，说明他不出自窟哥家族。其次，郁于、邵固二都督虽由可突于所立，但出自窟哥家族，因而得到了唐的承认，后者甚至被封王、赐婚；但屈列未得到唐的承认，甚至在唐官方文书中被称为"顽凶之徒"，态度明显不同。最后，屈列为可突于降服突厥时所立，不必遵循唐所确立的传统。修撰《辽史》的元代史官便认为屈列为遥辇氏，并不出自所谓的"大贺氏"家族。此外屈列的族属可能是奚，而非契丹，详见下文论述。

④ 参见《旧唐书》卷199下《契丹传》，第5353页。

⑤ 《文苑英华》卷471《翰林制诏·契丹书》，中华书局1966年版，第2407页。

"蜀活"即"独活"，李过折曾为独活部首领。①无论李过折身份是衙官还是某部之长，都说明契丹部落联盟中有可以制衡可突于的角色。开元二十二年（734），唐幽州长史张守珪利用可突于与李过折的矛盾，借过折之手诛杀了屈列、可突于。

可突于死后，松漠府虽短暂复置，但唐太宗所创、以窟哥家族为核心的权力结构已经崩溃。这一结果虽有偶然性，但也具备一定必然性。窟哥家族统治时代，松漠府权力结构虽较之前更为紧密，但首领地位始终不够稳固。唐玄宗在给涅里的敕书中称"卿彼之蕃法，多无义于君长，自昔如此，朕亦知之""常不自保，谁愿作王"②，正反映了契丹汗权体制下权力分散的一面。以篡夺汗权起家的衙官可突于，自然也不能突破契丹传统所给汗权带来的掣肘因素，因此亦无法成为大权独揽、地位稳固的契丹首领。

第二节　遥辇时期的双核心权力结构

可突于死后，余党涅里杀李过折，拥立阻午可汗，重建了八部联盟，自后契丹进入遥辇时期。③涅里在重建八部的过程中构建起了双核心权力结构，客观上为阿保机易代创造了条件。由于本节内容与契丹遥辇氏部落联盟的起始问题有较大关联，故需首先对契丹大贺、遥辇的断限以及衔接问题进行探讨。

一、契丹大贺、遥辇时代的断限与衔接

《辽史·世表》"序"记载：

> 隋、唐之际，契丹之君号大贺氏。武后遣将击溃其众，大贺氏微，别部长过折代之。过折寻灭，迭剌部长涅里立迪辇组里为阻午可汗，更

---

① 参见爱宕松男：《契丹古代史研究》，邢复礼译，内蒙古人民出版社2014年版，第159-160页。
② 《文苑英华》卷471《翰林制诏·契丹书》，中华书局1966年版，第2407页。
③ 唐虽封阻午可汗为松漠都督，但可突于之乱后，松漠都督府的统治秩序已经瓦解，此后契丹进入遥辇时期。参见《辽史》卷63《世表》，第1058页。

号遥辇氏。唐赐国姓，曰李怀秀。既而怀秀叛唐，更封楷落为王。而涅里之后曰耨里思者，左右怀秀。楷落至于屈戌几百年，国势复振。

至耨里思之孙曰阿保机，功业勃兴，号世里氏，是为辽太祖。于是世里氏与大贺、遥辇号"三耶律"。[①]

在引文中，契丹大贺、遥辇两阶段之间仅存在一个极短暂的李过折时期，大贺与遥辇基本是前后相续的继承关系，辽朝又是在取代遥辇氏的基础上建国，由此便塑造出了契丹"大贺—遥辇—辽朝"的线性传承序列。但我们知道，耶律俨《皇朝实录》和陈大任《辽史》均未设表，今本《辽史》中的八表皆由元代史官所作，史料价值高低不一，《世表》则是由元人拼凑而成的二手资料。[②]因此对于引文中提供的信息，我们还需进行辨析。

首先，遥辇与辽朝的传承关系当准确可信。这在《辽史》的纪、传中有大量证据，无须赘述。问题在于，"大贺"是否存在？"大贺"与"遥辇"是否是继承关系？对于第一个问题，由于"大贺氏"古代正史中多次明确出现过，多数学者相信其真实存在，只是对时间断限的认识存在差异。[③]但也有学者认为大贺氏不存在，特别是苗润博对相关记载进行了全面的史源学考察，认为不同史籍中关于契丹君长姓大贺氏的信息其实高度同质化，可能皆源自韦述《国史·契丹传》，是对《唐太宗实录》中摩会的名号"太贺"或"大贺"的误读。[④]他提出，"大贺氏"在真实历史中并不存在，而且用这

---

① 《辽史》卷63《世表》，中华书局2016年版，第1058页。

② 参见苗润博：《〈辽史〉探源》，中华书局2020年版，第50-53页。

③ 对大贺氏时间断限的看法有两种。一种认为始于贞观二年（628）摩会降唐，结束于开元十八年（730）可突于杀邵固、立屈列。如舒焚：《辽史稿》，湖北人民出版社1984年版，第1页；李桂芝：《契丹大贺氏遥辇氏部落联盟的部落组织——〈辽史·营卫志〉考辨》，收入蔡美彪主编：《王锺翰先生八十寿辰纪念文集》，辽宁大学出版社1993年版，第398-402页；蔡美彪：《契丹的部落组织和国家的产生》，收入氏著：《辽金元史考索》，第26-31页。另一种观点认为，大贺时期一直延续到唐末，最终被辽朝取代，所谓的遥辇时期并不存在。持这种看法的学者包括津田左右吉、田村实造、小川裕人，详见苗润博《问题更新与范式转换：契丹早期史百年研究述评》一文的梳理。[载包伟民、刘后滨主编：《唐宋历史评论》（第六辑），社会科学文献出版社2019年版，第166-167页。]

④ 参见苗润博：《从误解到常识：史源学视野下的唐代大贺氏契丹问题》，收入叶炜主编：《唐研究》（第二十五卷），北京大学出版社2020年版，第247-263页。

一概念来描述契丹历史发展阶段也是不合理的:一方面"大贺"未必是摩会之姓,更可能是官号;再者,摩会只是契丹某一部落之长,而非整个契丹部落集团的首领,即使大贺真的是其姓氏,也不应用作契丹部落联盟的名称。

对于苗润博的观点,笔者部分赞同。将窟哥家族所统治的部落联盟称为大贺氏契丹,的确缺乏依据,可能是修撰《国史》及《旧唐书》史官的误解。但我们不能说"大贺"概念在契丹历史中完全子虚乌有。《辽史·地理志》记载,上京道有勒得山,"唐所封大贺氏勒得王有墓存焉"[①]。"大贺氏"既然有具体人物出现,那么就不应是完全虚构的概念。另外,贞观二年(628)附唐的摩会并非某一契丹部落首领,而是契丹八部联盟首领大蕃长,而且摩会祖父就曾担任过这一职务。这在新公布的《李范墓志》中有明确记载,前文对此已论及。[②]唐代契丹人自身尚未产生姓氏,将"大贺"视为君长之姓可能也不是唐人的误解,而只是一种惯用的描述方式。"大贺氏部落联盟"的说法未必准确,但反映了契丹八部联盟曾有一个阶段受摩会家族统治的事实。也就是说,契丹早期的确存在一个"大贺氏时期"。但后来统治八部联盟的窟哥未必与摩会出自同一家族,他在摩会死后十五年才成为八部联盟长,二人之间的关系不明确。因此保守角度来看,摩会家族统治时期才是真正的大贺氏时期。以摩会家族担任八部大蕃长的时间为标准,契丹大贺氏时期至迟始于北齐,时间下限可能为贞观七年(633)摩会去世。至于窟哥家族统治时期,未必属大贺时期,称之为契丹的"松漠府时期"较为妥当。

由此,"大贺"与"遥辇"的衔接问题,就转化为了"松漠府"(即《辽史》所谓之"大贺氏")与"遥辇"的衔接问题。在《辽史》中,二者被塑造为前后相续的继承关系,除前引《世表》"序"外,还有如下内容提及:

---

① 《辽史》卷37《地理志一》,第497页。

② 苗润博撰写博士论文时,该墓志尚未刊布,因此无法关注到这一信息。

卷32 《营卫志中》	当唐开元、天宝间，大贺氏既微，辽始祖涅里立迪辇祖里为阻午可汗。时契丹因万荣之败，部落凋散，即故有族众分为八部。涅里所统迭剌部自为别部，不与其列。
卷34 《兵卫志上》	大贺氏中衰，仅存五部。有耶律雅里者，分五部为八，立二府以总之，析三耶律氏为七，二审密氏为五，凡二十部。刻木为契，政令大行。逊不有国，乃立遥辇氏代大贺氏，兵力益振，即太祖六世祖也。

从行文看，上述记载都是史官对历史的概括性叙述，缺少对大贺、遥辇更替细节的记载，对时间的记录也较为草率。[①]

松漠府与遥辇都是真实存在的契丹政治体。《旧唐书》中松漠都督府后期出现的重要人物有可突于、屈列、泥礼、李过折等人，而契丹人记忆中的遥辇早期重要人物有洼可汗、阻午可汗、涅里等。史官将松漠府与遥辇衔接的方法，是将上述两个记载体系下的重要人物进行对接。这种对接主要出现在《辽史·世表》的结尾部分：

> 萧韩家奴有言，先世遥辇可汗洼之后，国祚中绝，自夷离堇雅里立阻午可汗，大位始定。今以唐史、辽史参考，大贺氏绝于邵固，雅里所立则怀秀也，其间唯屈列、过折二世。屈列乃可突于所立，过折以别部长为雅里所杀。唐史称泥里为可突于余党，则洼可汗者，殆为屈列耶？[②]

引文中"大贺氏绝于邵固"指窟哥家族对松漠府部落联盟的统治结束于邵固被杀，这可以得到《旧唐书》的印证。但接下来"雅里所立则怀秀也"属于史官的推测，而将屈列比作洼可汗，就属于推测之上的推测了，元代史官对此应无把握，因此使用了疑问的语气。可见，将"唐史"与"辽史"进行对接的关键，在于将"泥礼"（引文作"泥里"）与"涅里"（引文作

---

① 例如在《营卫志》中，将大贺、遥辇的更替时间记载为开元、天宝年间。而在《世表》中又记录为武后年间。显然前者将更替的事件节点视为可突于之乱，而后者视为李尽忠、孙万荣之乱。上节已述，李尽忠、孙万荣之乱后，松漠府统治家族没有变更，变更应发生在可突于杀邵固、立屈列之后，《营卫志》的记载较为准确。

② 《辽史》卷63《世表》，第1059页。

"雅里")间画等号。只要能确定中原记载体系下的"泥礼"就是辽人记忆中的"涅里",那么松漠府与遥辇就是契丹前后相续的两个阶段。

但是"泥礼"与"涅里"的对应被认为存在明显的漏洞,在年代上无法吻合。①《辽史·太祖纪》"赞"对阿保机祖先世系的记载为:

涅里—毗牒—颏领—耨里思—萨剌德—匀德实—撒剌的—阿保机②

以耨里思为参照点,涅里距其三代人。耨里思生活年代可以确定,《辽史·世表》引《皇朝实录》云"太祖四代祖耨里思为迭剌部夷离堇,遣将只里姑、括里,大败范阳安禄山于潢水"③。安禄山伐契丹战败,发生在天宝十年(751)。可见耨里思大致生活在唐开元、天宝时期。中原史籍中的泥礼于开元二十三年(735)杀李过折,早于耨里思击败安禄山仅十六年。但在《辽史·太祖纪》"赞"提供的世系为"涅里—毗牒—颏领—耨里思",如果将泥礼视为涅里,则短短十六年时间内居然经历了三代人,这显然不现实。

那么这种漏洞是如何产生的?应如何看待这一矛盾?《太祖纪》"赞"对阿保机祖先有如下记载:

其可知者盖自奇首云。奇首生都菴山,徙潢河之滨。传至雅里,始立制度,置官属,刻木为契,穴地为牢。让阻午而不肯自立。雅里生毗牒。毗牒生颏领。颏领生耨里思,大度寡欲,令不严而人化,是为肃祖。肃祖生萨剌德,尝与黄室韦挑战,矢贯数札,是为懿祖。懿祖生匀德实,始教民稼穑,善畜牧,国以殷富,是为玄祖。玄祖生撒剌的,仁民爱物,始置铁冶,教民鼓铸,是为德祖,即太祖之父也。④

引文中,肃祖以下事迹较详,且人名汉译与此前诸祖不同。肃祖以下诸祖,与以上诸祖,当源出两套记载体系。重熙二十一年(1052),辽兴宗分别追尊阿保机祖父、父亲为玄祖、德祖;乾统三年(1103),辽天祚帝又

---

① 参见苗润博:《记忆·遗忘·书写:基于史料批判的契丹早期史研究》,第84页。
② 参见《辽史》卷2《太祖纪下》,第26页。
③ 《辽史》卷63《世表》,第1058页。
④ 参见《辽史》卷2《太祖纪下》,第26页。

分别追尊阿保机高祖、曾祖为肃祖、懿祖。可见，肃祖以下诸祖才是得到辽官方认证的祖先，他们皆有相对明确的事迹，世系较为可信，可能在耶律俨《皇朝实录》中就有记载。[①]肃祖以上诸祖，或毫无事迹，或事迹简略，很可能出自口耳相传，应与肃祖以下源出不同的记载体系，这在人名上亦有体现：

肃祖及以下	耨里思	萨剌德	匀德实	撒剌的
肃祖以上	涅里	毗牒	颏领	勃突

两组人名差异明显，肃祖以下皆译为三字。阿保机曾祖父、父亲同名，译名选用了不同的汉字，明显是人为规范的痕迹。乾统年间，辽政权在追尊肃、懿、玄、德四祖后，可能组织了对诸祖事迹的记录，诸祖译名一并得到了规范。乾统二年（1102），天祚帝在追尊肃祖、懿祖后"召监修国史耶律俨纂太祖诸帝实录"，对建国前四祖事迹的记录可能就发生在此时。[②]肃祖以上诸祖，则可能出自辽人口耳相传的祖先传说。首先，除始祖涅里外，《辽史》及辽代墓志中皆未出现对他们事迹的描述。其次，他们的名字没有进行规范化，例如对阿保机五世祖，《辽史》或称其为颏领（《太祖纪》），或称为勃突（《地理志》）。[③]由此来看，肃祖以下与以上诸祖事迹应出自两套记载体系。修《辽史》者将两套记载首尾相接，塑造了从涅里至阿保机的八代世系。

---

① 冯家昇认为，耶律俨《皇朝实录》在《太祖纪》之前可能有类似《魏书·序纪》的先祖事迹。参见冯家昇：《辽史正误三种》，中华书局1959年版，第26页。

② 参见《辽史》卷27《天祚纪一》，第358页。

③ 凭借现有史料，无法确认颏领与勃突是否为一人。一般认为二者不是同一人，而是不同来源材料混淆的结果。笔者认为，二者存在是同一人的可能。颏领末尾发音-n，有契丹人第二名（《辽史》称为"字"）的特征。（参见聂鸿音：《契丹语的名词附加成分*-n和*-in》，《民族语文》2001年第2期，第56—60页。）辽代亦有人以此为字，如阿保机之侄耶律拔里德，字孩邻。孩邻即颏领之异译。（《辽史》卷76《耶律拔里德传》）可见颏领是契丹人常用之第二名。《辽史》卷37《地理志一》记载"辽国五代祖勃突……生于勃突山，因以名"。显然，勃突是其幼年所用之乳名（即《辽史》所谓之"小字"）。乳名仅在幼年时所用，成年后通常使用第二名。因此契丹五世祖同时拥有勃突、颏领两种"名字"，并不矛盾。

但这种首尾相连的拼接方式未必合理，两套记载体系中的世系可能有重叠部分。一个明显的例证在于，涅里至阿保机不应有八代人之久。按《辽史》记载，涅里的关键事迹为辅助阻午可汗重整契丹部落，即"分五部为八"①。契丹松漠府八部在可突于之乱中减损为五部，此事发生于开元二十二年（734）前后。唐《刘思贤墓志》记载"（开元）廿载，奉使与平卢等军截黄河而东注，凌黑山而北走，大破契丹三部落"②。契丹八部减损为五部的时间由此可大致确定，涅里辅立阻午可汗应在此年之后不久。而耨里思大破安禄山是在天宝十年（751），与阻午可汗即位最多相隔二十年，涅里至耨里思不可能有四代人。这说明将"涅里—毗碟—颏领"与"肃祖—懿祖—玄祖—德祖"首尾相连的拼接方式是不正确的。凭借现有史料，我们无法复原肃祖以上世系，但可推测，两套世系之间很可能有重叠部分。《辽史·太祖纪》"赞"所记载阿保机祖先世系不准确，这才导致了涅里与泥礼在生活年代上的矛盾，因此不能从时间上排除二者是同一人的可能。相反，前文提到，松漠府八部减为五部，发生在开元末期的可突于之乱中，因此涅里"分五部为八"应发生于开元、天宝之际。而根据《旧唐书》记载，泥礼斩杀李过折之事发生于开元二十三年（735），恰好也处于这一阶段。因此涅里与泥礼所处时代实际较为接近。

总之，"泥礼"与"涅里"，人名读音高度接近，生活年代亦同。因此，《辽史》中关于"泥礼"即"涅里"的推断其实有可信性。泥礼与涅里既为一人，那么松漠府时期与遥辇时期便可前后衔接在一起。在此基础上，我们再来探讨契丹政治体从松漠府时期到遥辇时期在组织形态和权力结构上的变化。

---

① 《辽史》卷34《兵卫志上》，第449页。
② 参见《刘思贤玄堂记》，收入胡戟、荣新江主编：《大唐西市博物馆藏墓志》，北京大学出版社2012年版，第553页。曾成最早将此墓志与《辽史·兵卫志》"分五部为八"的记载联系在一起，参见曾成：《唐代幽营地域的族群与政治》，第59页。

二、遥辇时期的双核心权力结构

可突于未能实现对松漠府诸部的全面掌控，亦无稳定、强大的本部势力作为根基。而涅里则从制度层面强化了自身实力，其重整部落的过程被概括为"分五部为八，立二府以总之"[①]，将松漠府残存五部分为八部，分属南、北二府管辖。但二府所统其实只有七部，"涅里所统迭剌部自为别部，不与其列"[②]。迭剌部的特殊性，不仅体现在不受二府管辖的独立状态上，同时也体现在规模上。迭剌部规模远大于其他七部。石烈是辽代部的下级组织，据《辽史·营卫志》记载，迭剌部有八石烈，乙室等七部皆仅二石烈，[③]迭剌部独占部落联盟中近四成石烈，这意味着迭剌部所拥有的人口和兵力远超七部。遥辇氏与松漠府两部落联盟虽皆有八部，但组织形态、权力结构却有本质差异。松漠府时代，部落联盟内只有松漠都督这一个最高统治者，部落联盟的权力结构为单核心模式。遥辇时代则不然，实力强大的迭剌部不仅游离于二府管辖之外，且夷离堇之位始终在涅里家族内部传承，实际取得了不受可汗统辖的独立地位。因此可以说，遥辇氏部落联盟的权力结构为双核心模式。

受限于史料，我们不可能了解涅里与阻午可汗的行事动机，但从结果来看，这种双核心权力结构可能是对松漠都督府权力结构的修正。松漠府时代，部落联盟长虽实现了地位的家族内部传承，但直接统领的却仅有衙帐，在面临衙官篡权时仓皇无力。松漠府后期的乱局，是因衙官篡夺可汗权力造成的，体现出可汗缺乏对亲军势力的制衡手段。遥辇时代的双核心权力结构，则在权力制衡上更进一步。

涅里立迪辇祖里为阻午可汗，二人不仅是政治盟友，实际上更有血缘关系。《辽史·刑法志》记载，"阻午可汗知宗室雅里之贤，命为夷离堇以

---

① 《辽史》卷34《兵卫志上》，第449页。

② 《辽史》卷32《营卫志中》，第430页。

③ 《辽史》卷33《营卫志下》，第436—439页。

掌刑辟"①，可见二者出自同一家族。但这种关系在汉文史料中仅此孤证，因而并未得到关注。其实二者的关系在契丹文墓志中亦有体现，近年公开的《耶律玦敞稳墓志铭》将墓主身世记载为：

孟　父　之　　鲜质　　可汗之　　帐　　人

"孟父"后省略了"房"，这种省略现象在契丹文墓志中较为常见。"孟父房"与"鲜质可汗帐"之间有表所有格的契丹小字꩹，③表明二者有从属关系，即墓主出自孟父房之鲜质可汗帐。墓主耶律玦在《辽史》有传，为"遥辇鲜质可汗之后"④。契丹文墓志中的"鲜质可汗帐"应即鲜质可汗后人所构成的单位，而此帐属孟父房，也说明遥辇可汗家族与涅里家族存在血缘关系，这应当也是遥辇可汗后人在辽代与皇族同姓耶律的原因。通常认为，涅里立阻午可汗是不得已而为之，自领迭剌部是为制衡遥辇可汗。但结合二人同出一族的背景，遥辇初期的此次部落联盟重建，可能是一次家族内部的权力分配。在涅里与阻午可汗的主导下，遥辇可汗家族析分为二，遥辇祖里作为可汗统领诸部，并借助二府强化对诸部的控制；涅里则统领一支强大力量单独组建迭剌部，"自为别部，不与其列"⑤。这种双核心的权力结构，使迭剌部成为遥辇可汗所能倚重的强援，避免了松漠府后期衙官篡权的重现，从而也强化了可汗对部落联盟的控制。

在双核心权力结构下，涅里的权势也得以加强。通过部落重组，涅里掌握了部落联盟中最强大的迭剌部，且这种掌控极为牢固。遥辇时期迭剌部夷离堇皆为涅里子孙，迭剌部事实上成为涅里家族私属之部。涅里借此

---

① 《辽史》卷61《刑法志上》，第1037页。引文使用"雅里"一名，应出自金人陈大任之手。金人修史时尚能见到耶律俨《皇朝实录》，且有辽朝遗民直接参与，因而有较高的可信度。

② 墓志全文见清格尔泰等，吴英喆、吉如何辑译：《契丹小字再研究》（第二卷），内蒙古大学出版社2017年版，第1532页。

③ 参见吴英喆：《契丹语静词语法范畴研究》，内蒙古大学出版社2007年版，第41页。

④ 《辽史》卷91《耶律玦传》，第1502页。

⑤ 《辽史》卷32《营卫志中》，第430页。

拥有了强大的本部势力，也拥有了比可突于更为牢固的权力根基。

　　遥辇可汗对部落联盟控制力的加强，不唯体现在"立迭剌以辅汗权"，同时也体现为"立二府以领诸部"。在松漠府中，都督名义上直接管辖诸部刺史，二者间不存在中间机构。而遥辇氏部落联盟中，二宰相府作为可汗的下级机构分别统领诸部。相较于松漠府时代，遥辇政治体管理层级由二层变为三层。二府长官为南、北二宰相，宰相的选任存在家族世选之传统。[①]如遥辇末期出任南府宰相者，几乎皆出自楮特部同一家族。[②]说明两府宰相应大致在某些被称为"府之名族"[③]的显贵家族中世选。遥辇可汗对诸部的控驭借助宰相府机构，以及显贵家族的支持来实现。前者体现了遥辇时期契丹社会组织制度化、阶层化的加深，是可汗权力强化的表现。后者则体现出浓厚的贵族政治色彩，看似是对可汗权力的削弱；但反过来，可汗与诸显贵家族的共治，某种程度上也是对迭剌部涅里家族的制衡，同样是可汗权力加强的体现。

　　总之，涅里在重建部落联盟时创造了双核心权力结构，避免了衙官篡权的重现。但是后来取代痕德堇可汗、终结遥辇时代的阿保机，正是在挞马狨沙里任上起家，最终大权独揽。挞马狨沙里作为可汗侍从首领，实质上相当于松漠府时代的衙官，这是否意味着可突于之乱在遥辇时期的重演？双核心权力结构为何会导致这一结局？究其原因，偶然因素固然起了很大作用，但权力结构的弊端也有不可忽视的影响。遥辇可汗与迭剌部夷离堇分领部落的制度安排，固然可以防止衙官篡权，但当后两者身份发生重叠时，这一制度安排将不仅无效，甚至还会导致迭剌部/衙官势力的空前强大。再者，遥辇可汗与迭剌部夷离堇虽源出一族，但随着时间的推移，血缘纽带终将淡化，同族关系并不意味着二者一定是政治盟友。这同样导致了双核心结构的更不稳定，而这种不稳定性为阿保机的"变家为

---

①　参见葛华廷、王玉亭：《辽代北、南宰相府地位的变化及其宰相职位设置与选任》，《北方文物》2015年第3期，第83—85页。

②　参见吴翔宇：《诸弟之乱与两代后族之争——兼论辽朝帝、后二族共治模式的形成》，《黑龙江民族丛刊》，2018年第12期，第73—74页。

③　《辽史》卷1《太祖纪上》，第18页。

国"创造了条件。下文我们将回顾阿保机取代遥辇可汗的经历，从中分析权力结构如何影响历史走向。

阿保机夺取汗位并非一蹴而就，而是经历了家族数代人的经营。迭剌部自诞生后，夷离堇之位始终在阿保机祖先中传承，但家族内部传承并非始终和谐有序。懿祖（阿保机三世祖）之后，夷离堇的传承徘徊于帖剌（懿祖次子）、匀德实（懿祖第三子，即玄祖，阿保机祖父）二系之间。阿保机出生之前，祖父匀德实遇害，此后夷离堇之位长期被帖剌系成员掌控，匀德实系则家道中落，家族成员甚至流亡别部以寻求庇护。[①] 匀德实家族的复兴的关键在于释鲁，即匀德实第三子，阿保机之伯父。释鲁未担任过迭剌部夷离堇，而是作为于越总领部落联盟事务。[②]于越并非迭剌部内职务，而是部落联盟职官，[③] 释鲁作为于越"当国"，实质上是代可汗管理部落联盟事务。释鲁当国期间，部落联盟权力结构实际已演变为"于越/可汗"与"迭剌部夷离堇"的并立，《辽史》描述为二者"同知国政"[④]。释鲁对迭剌部内部事务的影响至少有两次。其一，利用帖剌家族内乱，助帖剌幼子辖底篡夺兄长乣古只的夷离堇之位。[⑤]此后二人虽

---

① 《辽史》卷71《简献皇后传》载："玄祖为狠德所害，后嫠居，恐不免，命四子往依邻家耶律台押，乃获安。"（第1319页）又据《辽史》卷73《耶律欲稳传》可知，耶律台押为突吕不部人，匀德实死后，简献皇后曾依赖其部势力避难。（第1352页）

② 《辽史》卷116《国语解》记载，于越"贵官，无所职。其位居北、南大王上，非有大功德者不授"（第1691页）。此处描述的显然是辽朝于越的特点，与遥辇时期情况有所不同。《辽史》未记载遥辇于越职能，但有关于释鲁"当国"（卷1《太祖纪上》，第1页）以及"（迭剌部夷离堇辖底）与于越释鲁同知国政"（卷112《耶律辖底传》，第1648页）的记载，阿保机受封于越后亦"总知军国事"。可见遥辇时期于越并非"无所职"的虚衔。

③ 释鲁从未担任过迭剌部夷离堇；阿保机于天复元年（901）担任迭剌部夷离堇，两年后才因战功被拜为于越，此后"总知军国事"。说明"于越"作为官职，不属迭剌部系统，而属部落联盟系统。

④ 《辽史》卷112《耶律辖底传》，第1648页。

⑤ 已有多位学者指出，辖底篡夺夷离堇之位，与释鲁的支持或默许有关。参见蔡美彪：《契丹的部落组织和国家的产生》，收入氏著：《辽金元史考索》，第48页；杨军：《释鲁之死考述》，《内蒙古文物考古》2010年第1期，第78—79页；耿涛：《迭剌部权力斗争与耶律阿保机建国》，《中国边疆史地研究》2017年第4期，第80页。

"同知国政"，但由于辖底得位不正，故只得依赖释鲁的支持。[①]释鲁由此实现了对帖剌家族的分化，以及对迭剌部事务的间接掌控。其二，培植匀德实家族势力，着力提携阿保机。阿保机起家入仕与伯父释鲁有密切关系。阿保机童年正值匀德实家族中衰，祖母"常匿于别幕，涂其面，不令他人见"，人身安全尚无保障，其命运的转折，关键在于伯父释鲁。按《辽史·太祖纪》，阿保机"虽龆龀，言必及世务。时伯父当国，疑辄咨焉"[②]，虽有溢美之嫌，但体现出阿保机早年得到释鲁庇护和提携。《辽史·耶律曷鲁传》记载，曷鲁"在髫髫，与太祖游"，释鲁奇之曰："兴我家者，必二儿也。"[③]也透露出，阿保机得到了释鲁的提携。阿保机在《辽史》本纪中被记载的首个职务是挞马狘沙里，之后因功受命为于越，再以于越身份从外部介入迭剌部，成为夷离堇。这种在部落联盟系统而非迭剌部系统的任职经历，可能正是其对伯父政治路线的延续。

阿保机从外部介入并掌控迭剌部的经历，也与双核心的权力结构不无关系。释鲁对辖底的扶持，直接干涉了迭剌部内事务，因而遭到报复，被蒲古只、萧台晒、滑哥三人谋害。[④]蒲古只为帖剌长子，是辖底篡夺夷离堇事件的受害者，[⑤]萧台晒、滑哥亦为迭剌部成员，[⑥]因而这起命案带有权力斗争的色彩。释鲁被害时身为于越，为部落联盟职官，因此痕德堇可汗得以干预，命阿保机调查此事。阿保机时任挞马狘沙里，为可汗侍从首领，因而是代表可汗参与到迭剌部事务中来。释鲁遇害案的处理结果，是

<hr>

[①] 这在释鲁遇害后辖底仓皇逃奔渤海一事中有所体现。参见《辽史》卷112《耶律辖底传》，第1648页。
[②] 《辽史》卷1《太祖纪上》，第1页。
[③] 《辽史》卷73《耶律曷鲁传》，第1345页。
[④] 参见《辽史》卷31《营卫志上》，第419页；卷112《耶律滑哥传》，第1653页。
[⑤] 见杨军：《释鲁之死考述》，《内蒙古文物考古》2010年第1期，第78页。相似观点亦见耿涛：《迭剌部权力斗争与耶律阿保机建国》，《中国边疆史地研究》2017年第4期，第79页。
[⑥] 滑哥为释鲁之子，自然是迭剌部成员。据《辽史》卷90《萧塔剌葛传》记载，传主出身六院部，萧台晒是其叔祖。故萧台晒也是迭剌部成员。（第1496页）

将蒲古只等三族没入瓦里。①显赫一时的帖剌家族，因此而受到重创。

在释鲁遇害案中受益最大者为阿保机。阿保机早年以可汗侍从起家，并无迭剌部内任职经历，其受命为迭剌部夷离堇，直接契机便是释鲁之死：

> 太祖为挞马狘沙里时，奉痕德堇可汗命，按于越释鲁遇害事。（《辽史·刑法志》）②

> 唐天复元年（901），岁辛酉，痕德堇可汗立，以太祖为本部夷离堇。（《辽史·太祖纪》）③

据《刑法志》，阿保机调查释鲁遇害案时身份为挞马狘沙里；而从《太祖纪》的表述看，痕德堇可汗即位当年任命阿保机为迭剌部夷离堇。对比两处记载，阿保机当在受命调查释鲁遇害一案不久，便被任命为迭剌部夷离堇。阿保机在挞马狘沙里任上本就战功卓著、声名显赫，④借释鲁遇害又得以直接插手迭剌部事务。可能正是在此过程中，阿保机被顺势任命为迭剌部夷离堇。

阿保机出任迭剌部夷离堇，意味着遥辇氏部落联盟权力结构发生重大变化。在阿保机之前，迭剌部夷离堇只是两大权力核心之一。而阿保机由挞马狘沙里转而担任迭剌部夷离堇，已初步将两权力核心集于一身。阿保机此时未必有易代之志，但集权之路却就此开启。阿保机出任迭剌部夷离堇的同时，受命"专征讨"⑤，在"连破室韦、于厥及奚帅辖剌哥"后，受封"大迭烈府夷离堇"。对于"大迭烈府夷离堇"的所指，学界意见不一，但它显

---

① 《辽史》卷31《营卫志上》记载："遥辇痕德堇可汗以蒲古只等三族害于越释鲁，籍没家属入瓦里。"（第419页）卷61《刑法志上》亦记载："太祖为挞马狘沙里时，奉痕德堇可汗命，按于越释鲁遇害事，以其首恶家属没入瓦里。"（第1038页）

② 《辽史》卷61《刑法志上》，第1038页。

③ 《辽史》卷1《太祖纪上》，第2页。

④ 《辽史》卷1《太祖纪上》记载"（阿保机）为挞马狘沙里。时小黄室韦不附，太祖以计降之。伐越兀及乌古、六奚、比沙狘诸部，克之。国人号阿主沙里"（第1页），可见阿保机在挞马狘沙里任上战功卓著。《辽史》卷116《国语解》记载，"阿主"为"父祖称"（第1691页），"阿主沙里"的名号应是阿保机声望的体现。

⑤ 《辽史》卷1《太祖纪上》，第2页。

然是一与"迭剌部夷离堇"不同、地位更高的官号。[1]此官号的获得，也凸显出阿保机与诸前迭剌部夷离堇差异。903年，阿保机被可汗拜为于越，自此"总知军国事"[2]，成为遥辇氏政权事实上的掌权者。最终在907年，阿保机取代痕德堇可汗，正式成为契丹部落联盟首领。

第三节 单核心权力结构的确立与契丹皇权的产生

开平元年（907），耶律阿保机取代遥辇痕德堇可汗，成为部落联盟首领，结束了契丹遥辇时代。《辽史·太祖纪》记载，此年正月庚寅，阿保机"命有司设坛于如迂王集会埚，燔柴告天，即皇帝位"[3]。阿保机即位时是否采用了"皇帝"称号，学界多持否定态度，一般认为阿保机此时仅是取代遥辇而成为可汗。直到九年后建元神册，群臣上尊号"大圣大明天皇帝"，阿保机才真正称"皇帝"，这也被认为是辽朝建国之标志。[4]

阿保机在907年采取的名号究竟是"皇帝"还是"可汗"，我们无法断言。但此年阿保机在即位典礼上采用遥辇时代的可汗即位仪，"燔柴告天"[5]，行柴册礼。即位当月，阿保机"诏皇族承遥辇氏九帐为第十帐"[6]，将本家族置于与遥辇汗族平等的地位。即使阿保机当时是真的以

---

① 《辽史》卷116《国语解》记载"大迭烈府：即迭剌部之府。初，阻午可汗与其弟撒里本领之，及太祖以部夷离堇即位，因强大难制，析为二院。烈、剌音相近"（第1690页）。《辽史·国语解》由元代史官所撰，将"大迭烈府"等同于"迭剌部"，未必可信。"迭烈府"可能为"迭剌部之府"的意思，但"烈""剌"非同音异译，而是在契丹文"迭剌"一词后加所有格成分"-n"造成的。但不能将"大迭烈府"等同于"迭剌部之府"，前缀"大"字应有表尊贵之意，以凸显与"迭剌部"的不同。

② 《辽史》卷1《太祖纪上》，第2页。

③ 《辽史》卷1《太祖纪上》，第3页。

④ 学界相关讨论，参见刘浦江：《契丹开国年代问题——立足于史源学的考察》，收入氏著：《宋辽金史论集》，第28-30页；苗润博：《被改写的政治时间——再论契丹开国年代问题》，《文史哲》2019年第6期，第101页。

⑤ 《辽史》卷1《太祖纪上》，第3页。

⑥ 《辽史》卷1《太祖纪上》，第3页。

"天皇帝"为号，也不过是"沿名之风"的又一次体现，①"天皇帝"的本质仍是可汗。阿保机此年所建立的也只是"后遥辇汗国"。直至916年，阿保机建元神册，立耶律倍为皇太子，才在效仿汉制的基础上确立皇帝制度，建立起皇权国家。从可汗到皇帝，表面上是名号的变化，背后却是权力结构从双核心到单核心模式的演变。

阿保机907年获取汗位时，只是凭借个人的实力和威望，将部落联盟的两大权力核心暂时性地聚在一起，即通过身兼两职的方式同时担任可汗与迭剌部夷离堇。后者作为一个职位不仅仍旧存在，甚至还延续到了阿保机称帝建元之后，这也意味着单核心权力结构尚未在制度上得以确立。因此，阿保机在总领部落联盟事务后，始终试图命亲信掌管迭剌部。《辽史·耶律曷鲁传》记载"太祖为于越，秉国政，欲命曷鲁为迭剌部夷离堇"，曷鲁辞曰："贼在君侧，未敢远去。"②曷鲁为辽开国功臣之首，是阿保机的核心亲信，为接管迭剌部的最佳人选。但释鲁死后，阿保机面临的环境颇为险恶，曷鲁"常佩刀从太祖，以备不虞"③，故出掌迭剌部。此后迭剌部夷离堇可能由阿保机兼任。907年，阿保机任可汗后"以从弟迭栗底为迭烈府夷离堇"④，仍旧以亲信掌控迭剌部。⑤阿保机此举显然削弱了迭剌部的独立性，使迭剌部成为汗权之助益。释鲁当年因干涉迭剌部夷离堇的选任而遇害，阿保机对迭剌部的掌控，也遭到了迭剌部贵族的反对。太祖五年（911）五月，"皇弟剌葛、迭剌、寅底石、安端谋反。安端妻粘睦姑知之，以告，得实。上不忍加诛，乃与诸弟登山刑

---

① "沿名之风"指辽朝在汉化过程中简单机械效仿汉制，以至于出现沿袭汉"名"而又"名"不副实的现象。参见邱靖嘉：《辽太宗朝的"皇太子"名号问题》，《历史研究》2010年第6期，第185页。

② 《辽史》卷73《耶律曷鲁传》，第1346页。

③ 《辽史》卷73《耶律曷鲁传》，第1345页。

④ 《辽史》卷1《太祖纪上》，第3页。迭烈府即迭剌部，见何天明：《辽太祖析分迭剌部探讨》，《内蒙古社会科学》1999年第1期，第52页。

⑤ 迭栗底即迭里特、解里，为阿保机叔父辖底之子，后参与诸弟之乱，但早期是阿保机之亲信。《辽史》卷1《太祖纪上》记载："解里自幼与朕常同寝食，眷遇之厚，冠于宗属。"（第9页）可见阿保机对迭栗底的亲近程度要胜过对剌葛等同胞诸弟。

牲，告天地为誓而赦其罪。出剌葛为迭剌部夷离堇"①。阿保机虽挫败诸弟阴谋，但仍任剌葛为迭剌部夷离堇，使双核心的权力结构得以恢复。剌葛此后得以统本部兵马参与军事行动，借此进一步威胁阿保机的统治，以至于爆发了激烈的内战。②在此情形下，重新控制迭剌部成阿保机的当务之急。平定诸弟之乱的次年（914），阿保机于是任命曷鲁为迭剌部夷离堇，重新将两大权力核心握于己手。但迭剌部的存在，意味着双核心权力结构的延续。只有迭剌部消失，不稳定的双核心权力结构才会终结，皇权才能得以稳固。因此析分迭剌部便成了唯一的选择，这在辖底与曷鲁的建议中有直接体现。辖底参与诸弟之乱后被俘，《辽史》记录了他临刑前与阿保机的对话：

> 将刑，太祖谓曰："叔父罪当死，朕不敢赦。事有便国者，宜悉言之。"辖底曰："迭剌部人众势强，故多为乱，宜分为二，以弱其势。"③

曷鲁临终前亦曾对阿保机进言："惟析迭剌部议未决，愿亟行之。"④曷鲁与辖底皆曾任迭剌部夷离堇，对政治形势当有清晰的认识，二人之言直接体现出析分迭剌部的必要性。因此在天赞元年（922），阿保机将迭剌部一分为二，⑤从根本上消除了这一肘腋之患。契丹双核心的权力结构自此瓦解，单核心权力结构终于形成。

阿保机皇权建设的另一重要举措是营建腹心部。腹心部即斡鲁朵的前身。⑥阿保机夺取汗位后扈从未备，而诸弟、遥辇旧族等势力纷纷觊觎汗位，因此"置腹心部，选诸部豪健二千余充之，以曷鲁及萧敌鲁总焉"⑦。从功能来看，腹心部实质上就是衙帐，曷鲁、敌鲁等人的身份即相当于衙

① 《辽史》卷1《太祖纪上》，第5页。
② 具体经过见《辽史》卷1《太祖纪上》，第6—10页。
③ 《辽史》卷112《耶律辖底传》，第1649页。
④ 《辽史》卷73《耶律曷鲁传》，第1348页。
⑤ 《辽史》卷2《太祖纪下》，第20页。
⑥ 参见杨道：《辽代斡鲁朵及相关问题辨析》，《内蒙古社会科学》2018年第6期。
⑦ 《辽史》卷73，《耶律曷鲁传》，第1347页。

官。在松漠府以及遥辇时代，衙帐本应是首领权力的维护者，但在实际政治运行中却往往起了反作用，可突于、阿保机皆以亲军统帅的身份，动摇并颠覆了首领的统治。阿保机即位后，集权程度虽较遥辇可汗更大，但仍需提防来自腹心部的威胁。阿保机为此可能采取了两种手段。其一，众建统领而少其力。"腹心部初设时至少有六位统领，平均每人下辖战斗人员不过200人左右"。[①]其二，自心腹中选拔统领，并使其来源多元，以相互制衡。腹心部初设时，六位统领中至少五位出自皇族和后族，且六人中耶律氏三人，萧氏三人，或有相互制衡之意图。[②]借助这两种手段，腹心部不仅没有成为对阿保机权威的威胁，而且很大程度上维护了阿保机的统治。此外，阿保机所建之腹心部，在人数及管理严密程度上可能远胜遥辇可汗之扈从组织。《辽史·耶律辖底传》记载：

> 太祖问曰："朕初即位，尝以国让，叔父辞之；今反欲立吾弟，何也？"辖底对曰："始臣不知天子之贵，及陛下即位，卫从甚严，与凡庶不同。臣尝奏事心动，始有窥觎之意。"[③]

辖底作为前迭剌部夷离堇，应了解遥辇可汗的卫从规模，其回答反映出，腹心部较遥辇可汗衙帐在规模和严密程度上的提升。

在实际的政治运行中，腹心部起到了拱卫首领的作用。特别是在诸弟之乱中，腹心部成员作为主力参与平叛，[④]为阿保机汗权向皇权的过渡提供了重要保障。腹心部后来逐步扩大化、制度化，发展成更为严密的斡鲁朵制度，终辽一朝始终是皇权的重要支柱。[⑤]

总之，通过营建腹心部，可汗的权力得到了强化，契丹权力结构继续向着单核心方向发展。阿保机在此基础上粉碎了以诸弟、辖底为代表的迭剌部贵族的反扑，为神册元年（916）称帝建元创造了条件。神册建元之

---

① 杨军：《辽代斡鲁朵研究》，《学习与探索》，2015年第5期。

② 参见杨军：《辽代斡鲁朵研究》，《学习与探索》，2015年第5期。

③ 《辽史》卷112《耶律辖底传》，第1648页。

④ 参见《辽史》卷73《耶律曷鲁传》《萧敌鲁传》《萧阿古只传》《耶律老古传》，第1345—1351页。

⑤ 参见余蔚：《辽代斡鲁朵管理体制研究》，《历史研究》2015年第1期，第55—56页。

后，出于巩固新生皇权的需要，阿保机于天赞元年（922）析分迭剌部。契丹双核心权力结构至此彻底瓦解，专制集权的单核心权力结构终于形成，契丹皇权自此在制度层面得以确立。

本章小结

贞观二十二年（648），唐置松漠都督府，以统辖契丹八部联盟。唐王朝的干预，使契丹政治体中出现专制集权因素，八部联盟首领开始稳定地自同一家族中产生。松漠都督府时期，都督作为权力核心，地位尚不稳固。唐王朝构架的统治秩序，最终因衙官可突于叛乱而瓦解。然而受限于契丹政治体的权力结构，可突于也难以成为大权独揽的契丹首领。松漠都督府瓦解后，涅里与阻午可汗在松漠府残部的基础上重建八部联盟，开启契丹遥辇时代。在重建八部联盟的过程中，涅里统领最为强大的迭剌部，游离于二府之外，由此在遥辇氏政权中塑造了极为特殊的双核心权力结构。遥辇末期，阿保机集两大权力核心于一身，夺取遥辇氏之汗位；之后又通过析分迭剌部，建立起单核心权力结构，使专制皇权得以在契丹社会中发展壮大。

第二章　辽朝契丹统治集团的形成

///

　　辽朝统治集团以皇族、后族为核心，存在着二元性的特点。皇族、后族长期对辽朝政治有着重要影响力，由此形成了"帝、后二族共治"的政治形态。这一政治形态的形成，与阿保机创业建国历程中所构建的家族与权力网络密切相关；其形成的过程，也是辽朝国家形成的过程。对辽朝统治集团形态特征、生成过程的研究，将有助于我们加深对辽朝建国史以及辽朝政治形态的认识。

　　由于"帝、后二族共治"是史官及研究者对辽朝政治形态的总结，辽人本身并未提出过这一说法。[1]因此本章在展开讨论之前，首先需对辽朝"帝、后二族共治"现象进行全局性概述，以确保这一现象真实存在，且能用以描述辽朝政治。

第一节　辽朝帝、后二族共治现象概述

　　辽朝存在一个与皇族相伴始终、相对稳定的后族群体。[2]皇族、后族作为辽朝贵族之核心，对辽朝政治始终有着重要的影响力。有学者提出，辽朝

---

① 《辽史》中有"辽之秉国钧，握兵柄，节制诸部帐，非宗室、外戚不使"（第1668页）的记载，描述的就是帝、后二族共治的特点。但此言出自《逆臣传》的论赞部分，应由金元史官所作，并不能代表辽朝人的看法。

② 对辽朝后族的整体性介绍，参见孙伟祥：《后族与辽朝政治研究》，吉林大学2015年博士学位论文，第37—60页。

存在"帝、后共治"或"二族共治"的现象。[1]但是目前学界对此现象的研究还较为初步，因此有必要重新加以探讨。

一、对帝、后二族共治的总体认识

辽朝皇后长期稳定地出自同一群体，是辽代后族地位稳定的最主要体现，也是后族与皇族共治得以实现的基础。有别于其他王朝，辽代多数皇后出自两个存在血缘关系的家族，二者皆与辽朝开国皇后述律平有密切关系：

表2.1　辽朝皇后出身情况表

皇帝	皇后	姓名/小字	出身	族系	备注
太祖	淳钦皇后	述律平			述律后父族
太宗	靖安皇后	温	室鲁之女	室鲁系	述律后父族
	皇后萧氏[2]		敌鲁之女	敌鲁系	述律后母前夫家族
世宗	怀节皇后	撒葛只	阿古只之女	阿古只系	述律后父族
	废后甄氏		后唐宫人		不明
穆宗	皇后萧氏		知璠之女		不明
景宗	睿智皇后	萧绰	萧思温之女	敌鲁系	述律后母前夫家族
	废后萧氏				不明
圣宗	仁德皇后	菩萨哥	萧绰弟隗因之女	敌鲁系	述律后母前夫家族
	钦哀皇后	耨斤	阿古知五世孙	阿古只系	述律后父族
兴宗	仁懿皇后	挞里	耨斤弟孝穆之女	阿古只系	述律后父族
	废后萧氏	三嬅	匹里之女	敌鲁系	述律后母前夫家族
道宗	宣懿皇后	观音	耨斤弟惠之女	阿古只系	述律后父族
	废后惠妃	坦思	霞抹之妹	阿古只系	述律后父族
天祚帝	皇后萧氏	夺里懒	宰相继先五世孙	敌鲁系	述律后母前夫家族

资料来源：《辽史》卷71《后妃传》、孙伟祥《后族与辽朝政治研究》第三章

---

[1]　王玉亭：《帝后共治——辽朝后妃参政现象的背后》，收入辽宁省博物馆：《辽金历史与考古》（第六辑），辽宁教育出版社2015年版，第145–156页；吴翔宇：《诸弟之乱与两代后族之争——兼论辽朝帝、后二族共治模式的形成》，《黑龙江民族丛刊》2018年第6期，第68–74页。

[2]　辽太宗第二位皇后的封号、名字在史籍中无记载，相关研究参见王善军：《辽太宗皇后考》，《黑龙江民族丛刊》2005年第5期，第60–61页。

辽朝九位皇帝共立皇后十五人，其中十二人明确出自述律后母前夫家族和述律后父族，二者构成了辽朝仅有的"世选"皇后之族。[①]本书将这两个家族合称作述律后家族。述律后家族产生了辽朝多数皇后，因此在辽朝得以长盛不衰，成为一直重要的政治力量。

帝、后二族共治并非皇帝与皇后（或太后）二人的共治，[②]而是对"皇族、后族作为主要力量在辽朝政治中发挥重要作用"现象的描述。但在谈及后族地位和作用之前，有必要先简要区分"萧姓"与"后族"之间的关系。众所周知，辽代契丹人仅有耶律与萧二姓，皇族成员皆姓耶律，后族成员皆姓萧。元人修《辽史》时，有时直接将耶律姓等同于皇族，将萧姓等同于后族，因而对后族的地位和作用有所高估。如《辽史·卓行传》"序"提道："辽之共国任事，耶律、萧二族而已。"[③]将耶律与萧称作"二族"，显然是将两姓直接对应为帝、后二族。而《辽史》中出现的契丹人，几乎皆以耶律、萧为姓。若将皇族、后族与耶律、萧进行直接对应，很容易形成一种辽朝政治全系于帝、后二族的印象。这种印象在《辽史》中有多处体现，如《外戚表》"序"记载：

> 辽史耶律、萧氏十居八九，宗室、外戚，势分力敌，相为唇齿，以翰邦家，是或一道。然以是而兴，亦以是而亡，又其法之弊也。[④]

引言出自元人之手，[⑤]首先提到"辽史"中二姓者占十之八九，与我们今天看到的《辽史》虽有差距，但大致相近；[⑥]接下来却提到"宗室、外戚，势分力敌"，可见在元人的潜意识中，二姓与宗室、外戚是直接对应的。在此基础上，元人又得出了辽朝国运系于宗室、外戚的结论。这一

---

① 熊鸣琴提出，辽朝皇后的选择受到世选制度的影响。参见熊鸣琴：《钦哀后家族与辽道宗朝党争考论》，《中国史研究》2013年第2期，第119页。

② 辽朝除述律后、承天后、齐天后三位摄政太后外，多数皇后或太后并未在政治上发挥重要作用。

③ 《辽史》卷106《卓行传》，第1615页。

④ 《辽史》卷67《外戚表》，第1135页。

⑤ 引文使用了"宗室"一词，未避辽、金帝皇名讳，也说明此言应出自元代史官之手。

⑥ 我们今天看到的《辽史》由元人编纂，姓耶律和萧者虽为主流，但不至"十之八九"之多。这说明元人在修史时，根据中原史籍以及碑志资料对列传部分进行了较大增补。

看法虽大致准确，但辽代姓耶律者不唯皇族，姓萧者不唯后族，两姓与二族不能直接对应。在通过两姓来分析帝、后二族对辽朝的重要性之前，应首先剔除"非皇族耶律"和"非后族萧"。

漆侠对《辽史》进行了全面梳理，统计出传主206人，其中出身皇族者87人，出身后族者47人，二者共134人，占全部传主的43.93%。[①]由此来看，帝、后二族在辽朝国家体制中据有极为重要的地位。但从数据看，后族传主人数仅为皇族的一半，反映出后族任高官者人数远不及皇族。特别是在某些时期，后族成员鲜有身居高位者。如辽太宗任用的主要为皇族和汉官，太宗朝后族成员在《辽史》中有传的仅萧翰一人，且萧翰之所以得以立传，或许是修史者借鉴《旧五代史》的结果，未必是萧翰本人在辽朝地位的体现。[②]再如穆宗朝，跻身宰执之列的萧海璃、萧护思皆非后族出身。[③]长达十九年的应历朝，立传的后族成员仅萧思温一人，而这主要还是得益于他在景宗朝的特殊地位。其实辽朝虽在总体上有帝、后共治的特征，但后族并非始终具备与皇族平起平坐之地位。因此，要对帝、后二族共治有全面认识，还须从动态角度对辽朝历史进行一番梳理。

二、帝、后二族共治的动态演变

虽然辽朝存在帝、后二族共治的现象，但皇帝始终是辽朝国家权力结构的核心，二族始终围绕在皇帝周边，在皇权的羽翼下生存。在整个辽代，除个别时期（如穆宗朝）外，皇族凭借与皇帝紧密的血缘关系，始终在国家

① 参见漆侠：《从对〈辽史〉列传的分析看辽国家体制》，《历史研究》1994年第1期，第77页。

② 《旧五代史》撰成于辽景宗保宁六年（974），远早于《辽史》及《皇朝实录》的成书时间。萧翰是《旧五代史》中唯一有传的契丹人，《辽史·萧翰传》的出现，可能受到了《旧五代史·萧翰传》的影响。当然，两书《萧翰传》内容差异很大，后者并非前者的直接史源。关于《旧五代史》成书年代的论证，参见孙先文：《〈旧五代史〉研究》，安徽大学2014年博士学位论文，第12页。

③ 关树东对辽朝的宰执群体做出过界定，认为"北枢密院、南枢密院、北宰相府、南宰相府、中书省是辽朝的宰辅机构，其长、贰官就是辽朝的宰执或宰辅"。参见关树东：《辽圣宗时期的宰执群体》，《宋史研究论丛》2010年第2期，第77页。关于萧海璃、萧护思生平事迹，参见《辽史》卷78《萧海璃传》《萧护思传》，第1396页。

权力结构中扮演重要角色，其地位较为稳定。相较而言，后族在辽代地位浮动较大，并非在任何时期都拥有与皇族共治的地位。后族地位之沉浮，根源上受皇权左右，但更受皇权的代理人——摄政太后的直接影响。纵观整个辽代，后族地位的跃升以及二族共治局面的形成，主要是述律平（下称"述律后"）、萧绰（下称"承天后"）、萧耨斤（下称"钦哀后"）三位摄政太后影响的结果。以三者活跃于辽朝政坛为标志，辽代后族地位变化也可以划分为三个阶段。本节将从时间上梳理辽代后族地位演变的全过程，从动态的视角来看待二族共治的阶段特征。需注意的是，本节主要着眼于高层政治斗争和以宰执为代表的高层官员任职情况。另外，由于学界对兴宗朝以后辽后族的地位及政治参与情况已有深入研究，[1]故本节将详于回溯辽前中期后族地位的演变，对兴宗朝以后的情况仅略做叙述。

在辽太祖建国的过程中，述律后发挥了极为重要作用。阿保机以挞马狨沙里的身份出任迭剌部夷离堇，实质上是借助可汗势力由外部介入迭剌部。外来者的身份导致了阿保机在迭剌部内缺少支持力量。在这一情况下，以述律后为核心的后族成了阿保机的重要辅弼。述律后凭借特殊的身世背景，帮助阿保机构建起了庞大的权力网络；在诸弟之乱中，后族更是发挥关键作用，帮助阿保机稳定了统治地位。但在阿保机晚年，述律后出现干涉皇权的迹象；阿保机死后，述律后"称制，权决军国事"[2]，废黜阿保机所立的太子耶律倍，促成次子耶律德光即位。辽太宗即位后，立述律后侄女为靖安皇后，[3]述律后家族对后位的掌控得以延续。

太宗在位期间对述律后情感颇为复杂，在尊重、亲近述律后的同时，

---

① 参见蔡美彪：《辽代后族与辽季后妃三案》，收入氏著：《辽金元史考索》，第100-125页；熊鸣琴：《钦哀后家族与辽道宗朝党争考论》，《中国史研究》2013年第2期，第109-120页。

② 《辽史》卷2《太祖纪下》，第25页。

③ 太宗靖安皇后为述律后弟室鲁之女，见《辽史》卷71《后妃传》，第1321页。亦有学者认为太宗先后立过两位皇后，皆为述律后之侄女。参见王善军：《辽太宗皇后考》，《黑龙江民族丛刊》2005年第5期，第60-61页。

政治上对述律后及外戚相对疏远，[①]这在太宗两次南伐的将领人选中有所体现。太宗先后灭后唐、后晋，占据幽云地区，为辽朝国家的稳定和壮大奠定了基础。但在当时，南下并非辽廷之共识，述律后与太宗便意见相左。《旧五代史·契丹传》记载了太宗伐晋期间，述律后和平解决辽晋争端的意图：

> 时契丹诸部频年出征，蕃国君臣稍厌兵革，德光母尝谓蕃汉臣僚曰："南朝汉儿争得一向卧耶！自古及今，惟闻汉来和蕃，不闻蕃去和汉，待伊汉儿的当回心，则我亦不惜通好也。"[②]

这段对话发生在后晋遣使请降之后，述律后希望借机结束战争，而太宗坚持继续南下作战，最终消灭后晋。或许是由于述律后与辽太宗在伐晋的立场上存在差异，后族人员在其中未能发挥多大作用。在此前的太祖朝，后族敌鲁、阿古只先后统领腹心部、出掌北府，在军事行动中多次发挥关键作用。但在战事同样频繁的太宗朝，被委以军事重任的却是突吕不、图鲁窘、解里、拔里德等皇族将领，以及赵延寿、赵思温等汉人军阀武装。[③]史籍中参与太宗南伐的后族成员仅有萧翰一人，可见太宗朝后族地位并未得以彰显。太宗灭晋后，面对群臣关于迁太后于中原的提议时曾言道："太后族大，如古柏根，不可移也。"[④]"古柏根"生动地体现了后族势力与其他政治派系、家族势力盘根错节的关系，说明述律后及后族成员在太宗朝仍是一股不容忽视的政治势力。但总体而言，太宗朝是后族政治参与的低潮期。

太宗死后，述律后再度干涉皇位继承，试图扶立幼子李胡，但耶律倍之子耶律阮凭借皇族的支持而即位，即辽世宗。世宗即位时经历了与述律后的权力争夺，因而在位期间对述律后家族多有抑制，即位当年便将述

---

① 耿涛已指出了辽太宗对述律后的这种矛盾心态。参见耿涛：《辽太宗二次即位考释》，《北方文物》2017年第3期，第90页。

② 《旧五代史》卷137《契丹传》，第2137页。

③ 耿涛指出辽太宗"提拔之臣鲜有萧姓族人，非耶律姓氏即是汉人"，并认为这"似和述律后为首的后族与德光之间的矛盾有着一定联系"。参见耿涛：《辽太宗二次即位考释》，《北方文物》2017年第3期，第90页。

④ 《资治通鉴》卷286，后汉高祖天福十二年三月壬辰。

律后"迁于祖州"，诛杀述律后亲信"司徒划设及楚补里"，①并析分述律后斡鲁朵。②在削弱述律后势力的同时，世宗将生母柔贞皇后家族立为国舅帐，提升母族地位，以制衡述律后家族势力。③在立后方面，世宗先是立甄氏为皇后。甄氏为世宗俘掠而来的后唐宫人，在契丹显然毫无家族根基，世宗立其为后，应当有抑制述律、强化皇权之意。④但述律后家族在辽朝毕竟有着强大的影响力，是世宗不能忽视的政治力量。天禄四年（950），世宗改立阿古只之女撒葛只为后，即怀节皇后，⑤重新建立起与述律后家族的婚姻关系。但在世宗短暂的统治时期内，后族成员并无显宦，外戚集团亦相对弱势。

天禄五年（951），世宗死于察割之乱，怀节皇后所生之子尚幼，故耶律屋质辅立太宗之子耶律璟为帝，即辽穆宗。穆宗之母为太宗靖安皇后，为述律后之侄女。⑥较之世宗，穆宗与述律后家族有更密切的血缘关系。由于得位仓促且有一定偶然性，穆宗即位初期地位不稳，皇族成员多次谋叛，但穆宗并未因此而倚重母舅之族，而是任用耶律夷腊葛、萧海璃、萧护思、耶律沙等"疏族""寒族"来镇压反对的贵族势力。⑦在立

① 参见《辽史》卷5《世宗纪》，第72页。
② 《辽史》卷5《世宗纪》记载，大同元年（947）八月，世宗"以崇德宫户分赐翼戴功臣"（第72页）。按《辽史》卷31《营卫志上》，崇德宫为承天皇后斡鲁朵，显然不应出现在世宗朝。此处应为应天皇后长宁宫。见《辽史》卷5《世宗纪》校勘记二，第75页。
③ 柔贞皇后家族被称为国舅别部，世系不明，但显然不出自国舅拔里、乙室已帐。参见孙伟祥：《后族与辽朝政治研究》，第55–57页。
④ 世宗得位有一定偶然性，即位前未构建起强大的亲信集团，因而在位期间对帝、后二族皆较为警惕，这种心态在世宗任用耶律朗为六院大王一事中有所体现。见《辽史》卷113《耶律朗传》，第1657页。
⑤ 参见《辽史》卷5《世宗纪》，第73页；卷71《后妃传》，第1321页。
⑥ 参见《辽史》卷6《穆宗纪》，第77页。
⑦ 耶律夷腊葛为宫分人之子，为穆宗"布衣交"，出身低贱。（《辽史》卷78《耶律夷腊葛传》，第1395页。）萧护思出自"世为北院史"之家，身份亦低微。（《辽史》卷78《萧护思传》，第1396页。）萧海璃先祖"遥辇氏时为本部夷离堇"，家族地位相对较高。（《辽史》卷78《萧海璃传》，第1396页。）但遥辇时期迭剌部夷离堇在阿保机部族家族中世选，萧海璃显然出身别部显贵家族，故本文称之为"疏族"。耶律沙祖先为遥辇宰相，地位较高，但仍非辽皇族成员。（《辽史》卷84《耶律沙传》，第1439页。）

后问题上，穆宗抛弃了自述律后家族中选立皇后的传统，立"内供奉翰林承旨"知璠之女为后。或许就如太宗"太后族大，如古柏根"之言所描述的那样，经过辽初三代，述律后家族与皇族早已通过婚姻形成了盘根错节的利益共同体，[1]穆宗不得不任用下层贵族或寒门来制衡旧贵族。在穷治诸王、打击皇族的同时，穆宗着手削弱后族势力，给予萧海璎、萧护思家族世选北府宰相之权，削弱了述律后家族对北府宰相的控制力。在长达十九年的穆宗朝，后族成员亦未见有跻身宰执之列者。述律后及其家族势力在太祖朝崛起，至立太宗之际达到巅峰，在太宗、世宗、穆宗三朝却几经削弱，天禄、应历年间，实际已看不出二族共治的迹象，皇族成员凭借拥立世宗、穆宗二帝之功，成了朝堂之上的主要势力。但在穆宗朝，述律后家族敌鲁系部分成员以忠诚得到了穆宗重用，为后族势力在景宗朝的卷土重来埋下了伏笔。[2]

应历十九年（969），辽穆宗死于内侍之手，未及册立太子。[3]萧思温在乱局中辅立世宗之子耶律贤即位，即辽景宗。景宗即位后，萧思温以翊戴之功升任北院枢密使兼北府宰相。萧思温出身后族敌鲁系，为述律后母前夫之子萧敌鲁的后人。后族敌鲁系的复兴在穆宗朝已初现端倪，萧思温并无才干可称，但被穆宗拜为南京留守、兵马都总管，屡受命征讨；[4]

---

① 如在察割之乱中，察割党羽胡古只怂恿敌鲁之子萧干参与叛乱，萧干断然拒绝察割党，并将胡古只缚送于辽穆宗。这或许是皇族与后族结成利益共同体的表现。但萧干在穆宗朝未能长期身居高位，在短暂出任北府宰相后，便改任突吕不部节度使。见《辽史》卷84《萧干传》，第1441页。

② 见《辽史》卷84《萧干传》《萧讨古传》，第1441–1442页。敌鲁系萧干、萧讨古叔侄在皇族叛乱中维护穆宗，以忠诚得到穆宗重用。敌鲁系成员在景宗时期终于复兴，重新获取与皇族二族共治的地位，而这一切从穆宗朝悄然开始。

③ 《辽史》卷8《景宗纪上》记载，应历十九年（969）二月戊辰，耶律贤入见穆宗，穆宗曰："吾儿已成人，可付以政。"（第97页）穆宗无子嗣，胞弟罨撒葛又曾涉嫌谋反，因此穆宗可能确有传位耶律贤之意，《景宗纪》的记载未必是史家美誉之辞。

④ 参见《辽史》卷78《萧思温传》，第1397页。

敌鲁之子萧干亦得到穆宗重用，一度出任北府宰相。[①]萧思温与萧干的发迹，主要凭借的是外戚身份和对穆宗的忠诚，同时也与此家族的相对弱势有关。前文提到，述律后家族包含父系血统不同的两部分：述律后母前夫之族，即敌鲁系；述律后生父之族，即阿古只系。[②]太祖时期，敌鲁、阿古只皆为阿保机亲信，先后出任北府宰相。相较而言，阿古只系与述律后血缘关系更为接近，政治地位也更高，太宗靖安皇后、世宗怀节皇后皆出于此家族。值得注意的是，辽太宗二女分别嫁给出自敌鲁系的萧思温和来自别部的萧海璃，[③]可能已有抑制述律后及阿古只系权势之意。萧思温作为太宗之婿的身份，是其得到穆宗重用的前提，萧干则主要凭借在察割之乱中向穆宗表达了政治忠诚而得到进用。但萧思温在穆宗朝身份最高为南京留守，未能跻身宰执，而萧干也仅是短暂出任北府宰相后便改任别部长官。[④]后族敌鲁系的真正崛起，始于景宗朝。

萧思温虽凭借辅立景宗而位极人臣，但毕竟只是三位翊戴功臣之一，且很快死于政治斗争。对其家族而言，更重要的事件是思温之女萧绰被立为景宗皇后。萧绰皇后身份的确立，才使得此家族的崛起没有随着思温之死而中断。在景宗生前，萧绰便预政，乃至有"国事皆燕燕决之"[⑤]之说。乾亨四年（982）景宗去世，即位的圣宗仅十二岁。萧绰"奉遗诏摄政"[⑥]，此后"临朝二十七年"[⑦]。继述律后之后，辽朝权力核心第二次从皇帝转移至了太后，后族势力随之再度崛起。敌鲁系成员首先得到进

---

① 应历五年至十七年（955—967），北府宰相为萧海璃。（见《辽史》卷6、7《穆宗纪》，第81、92页。）按，萧干因讨乌古有功而受封北府宰相（见《辽史》卷84《萧干传》，第1441页），伐乌古凯旋是在应历十七年（见《辽史》卷7《穆宗纪下》，第92页），可推知萧干任北府宰相是在应历十七年萧海璃去世之后。

② 室鲁子嗣属阿古只系。参见爱新觉罗·乌拉熙春：《敌辇岩木古与室鲁子嗣新考》，《北方文物》2010年第3期，第70页。

③ 参见《辽史》卷65《公主表》，第1106—1107页。

④ 参见《辽史》卷78《萧思温传》，第1397页；卷84《萧干传》，第1441页。

⑤ 《契丹国志》卷13《后妃传》，第161页。

⑥ 《辽史》卷10《圣宗纪一》，第115页。

⑦ 《契丹国志》卷13《后妃传》，第163页。

用，敌鲁之子萧干升任政事令，"每征伐必参决军事""数条奏便宜，多见听用"①，术鲁列之子萧挞凛"膺非常之遇，专方面之寄"②。但敌鲁系人丁不旺，萧思温更在乾亨二年（980）意外身亡，故形成了"后当朝虽久，然少姻媛助"③的局面。圣宗即位之初，承天后对形势有"母寡子弱，族属雄强"④的描述，通过与皇族的"雄强"对比，后族的"寡弱"更为明显。这种情形下，萧绰对阿古只系成员亦多有笼络，例如将二女长寿公主、延寿公主分别嫁与萧排押、萧恒德兄弟，在敌鲁系与阿古只系之间构筑起婚姻纽带。⑤排押后来接替萧挞凛"专任南面事"，仕至北府宰相；恒德则曾任东京留守，多次统军出征。⑥出自阿古只系的萧柳也在承天后摄政时期得到叔父萧恒德推荐，仕至东路统军使。⑦

景宗朝及萧绰摄政时期，辽后族势力得以复兴。表现之一在于，太祖朝后在《辽史》列传中几乎销声匿迹的后族成员，在景、圣时代被频频立传。但需注意的是，景宗朝及萧绰摄政时期，辽朝庙堂的中坚力量是以休哥、斜轸为代表的皇族成员，和以韩德让为代表的汉人世家大族。特别是在两个关键事件中，三人发挥了稳定政局的关键作用。乾亨元年（979），宋大举进攻燕云地区，辽军初期战多不利，最后凭借耶律休哥、耶律斜轸、韩德让之力反败为胜，击退宋军。景、圣交替之际，承天后初摄政，面临的政治形势极为严峻。内政方面，"诸王宗室二百余人，拥兵握政，盈布朝廷。后当朝虽久，然少姻媛助，诸皇子幼稚，内外震

---

① 《辽史》卷84《萧干传》，第1441页。

② 《辽史》卷104《耶律昭传》，第1603页。

③ 《契丹国志》卷18《耶律隆运传》，第197页。

④ 《辽史》卷71《后妃传》，第1322页。

⑤ 参见《辽史》卷65《皇子表》，第1108页。

⑥ 《辽史·圣宗纪三》记载，统和七年（989）四月，"国舅太师萧闼览为子排亚请尚皇女延寿公主"（第144页）。学界多据此认为萧挞凛与排押皆为阿古只系成员，但据近年出土契丹文墓志，已有学者指出《辽史》本纪记载有误，萧排押只是萧挞凛族子，二人分别属于阿古只系和敌鲁系。见乌拉熙春：《萧挞凛与国舅夷离毕帐》，收入刘宁、张力主编：《辽金历史与考古国际学术研讨会论文集》，辽宁教育出版社2011年版，第152–160页。

⑦ 参见《辽史》卷85《萧柳传》，第1448–1449页。

恐"①；在外交方面，宋人蠢蠢欲动，欲趁机再次北伐。在内外交困的局面下，凭借斜轸、休哥以及韩德让的鼎力相助，承天后得以稳定局势。《辽史·后妃传》记载：

> 景宗崩，尊为皇太后，摄国政。后泣曰："母寡子弱，族属雄强，边防未靖，奈何？"耶律斜轸、韩德让进曰："信任臣等，何虑之有！"于是后与斜轸、德让参决大政，委于越休哥以南边事。②

休哥为释鲁之孙，斜轸为曷鲁之孙。③二人皆出自皇族，值得注意的是其早年经历。耶律休哥曾随北府宰相萧干出征，穆宗朝末升任惕隐；景宗朝多次受命统军，战功卓著，任北院大王，拜于越。萧绰摄政后命休哥总领南面军务，并授权便宜从事，负责对宋作战事务。休哥早年随敌鲁之子萧干出征，后来又得到承天后的倚重；这种经历背后，或多或少有来自敌鲁系成员的帮助。关于耶律斜轸的早年经历，《辽史》记载：

> 性明敏，不事生产。保宁元年（969），枢密使萧思温荐斜轸有经国才，上曰："朕知之，第佚荡，岂可羁屈？"对曰："外虽佚荡，中未可量。"乃召问以时政，占对剀切，帝器重之。妻以皇后之侄，命节制西南面诸军，仍援河东。改南院大王。④

斜轸虽出身皇族，但早年并不得志，发迹始于萧思温之举荐。此外萧思温将本族女嫁给斜轸，笼络意图愈发明显。缺乏从政经历的斜轸，出仕后便很快承担节制西南诸军、援救河东的重任，当在很大程度上受益于萧思温和萧绰的提携。韩德让则出身宫分，地位微贱，此家族的崛起与后族有密切关系。

韩德让祖父韩知古本为蓟州人，"太祖平蓟时，知古六岁，为淳钦

① 《契丹国志》卷18《耶律隆运传》，第197页。
② 《辽史》卷71《后妃传》，第1322页。
③ 二人族属及早年经历，见《辽史》卷83《耶律休哥传》，第1431–1433页；同卷《耶律斜轸传》，第1434–1435页。
④ 《辽史》卷83《耶律斜轸传》，第1434页。

皇后兄欲稳所得"①，述律后嫁给太祖阿保机时，知古作为媵臣陪嫁。玉田韩氏崛起的关键在于韩匡嗣，即韩知古之子、韩德让之父。匡嗣"以善医，直长乐宫，皇后（述律后）视之犹子"②，又凭借潜邸旧臣的身份，得到景宗重用，先后出任上京、南京留守，并代理枢密使。乾亨元年（979），韩匡嗣率辽军战败于满城，景宗欲杀之。"皇后引诸内戚徐为开解"③，方得以免死。这都体现了韩匡嗣家族与后族之间的密切关系。韩德让在乾亨末年凭战功出任南院枢密使，④圣宗朝之初，又与耶律斜轸俱为顾命大臣。⑤凭借这一身份以及与承天后的特殊关系，韩德让在圣宗朝平步青云，甚至有与圣宗分庭抗礼之势。⑥

　　景宗朝以及圣宗朝初期，地位和功绩最为显赫的耶律休哥、耶律斜轸、韩德让皆与承天后有密切关系，后两者更是直接得到过萧思温与承天后的提携。从这个角度看，景宗朝政局实际很大程度上系于后族。穆宗暴毙于内侍之手，生前未指定继承人，当时尚有太宗、世宗诸子在世，景宗即位之初皇位不稳，因此对萧思温倚重颇多。另据《契丹国志》，景宗幼年得疾，"及即位，婴风疾，多不视朝"⑦。由于身体孱弱、得位不正，景宗只得倚重萧思温与萧绰父女，甚至在保宁八年（976）诏令史馆学士"书皇后言亦称'朕'暨'予'"，并"著为定式"。⑧在皇权不振的情

① 《辽史》卷74《韩知古传》，第1359页。乌拉熙春认为此处记载有误，"欲稳"为"月椀"之异译，此人应为述律后之父。参见爱新觉罗·乌拉熙春：《敌辇岩木古与室鲁子嗣新考》，《北方文物》2010年第3期，第66页。

② 《辽史》卷74《韩匡嗣传》，第1360页。

③ 《辽史》卷74《韩匡嗣传》，第1361页。

④ 关于韩德让仕宦履历，参见万雄飞、司伟伟：《辽代韩德让墓志考释》，《考古》2020年第5期，第111–114页。

⑤ 按《辽史》，斜轸与韩德让皆为景宗遗命之辅政大臣。但按宋人记载，景、圣之际的权力交接可能并不正常，韩德让在立隆绪的过程中发挥了更关键的作用。见《续资治通鉴长编》卷23，宋太宗太平兴国七年，中华书局2012年版，第533页。宋人的记载能够解释，为何圣宗初立时会面临险恶的政治环境，为何韩德让在圣宗朝有如此显赫的地位。

⑥ 参见《契丹国志》卷18《耶律隆运传》，第198页。

⑦ 《契丹国志》卷6《景宗孝成皇帝》，第65页。

⑧ 参见《辽史》卷8《景宗纪上》，第103页。

形下，后权借机膨胀，笼络耶律斜轸、韩德让等政治"失意者"，并在重用敌鲁系近亲之外拉拢阿古只系成员，巩固自身地位。经过萧思温与萧绰的经营，后族势力终于复兴。承天后长达二十七年的摄政时期，太后取代皇帝，成为辽朝权力核心。

当然也应看到，承天后的地位和权力，很大程度上得益于皇族与汉人世家大族支持。由于承天后家族乃至整个敌鲁系人丁单薄，加上此前诸帝对后族势力的刻意抑制，后族尚未成为堪与皇族相提并论的政治力量。承天后摄政期间，后族虽有显赫如萧干、挞凛、排押、恒德者，但他们的地位与作用无法和休哥、斜轸以及韩德让相比。景宗朝以及圣宗朝前期，帝、后二族共治的局面虽尚未形成，但后族借承天后得以复苏，特别是阿古只家族的兴起，为辽中后期后族势力的重振创造了条件。

统和二十七年（1009），承天后去世，辽圣宗得以亲政。[1]两年后韩德让去世，承天后摄政时代结束。辽圣宗即位得益于承天后与韩德让，但二人对朝政近三十年的掌控，却又是对皇权的制约，[2]不仅造成了皇帝与太后之间的矛盾，也招致朝野不满。[3]因此圣宗亲政后着力消除承天后的影响，后族的内部斗争便在皇权复兴的过程中悄然开始。

圣宗先后册立二后，前者册立于统和四年（986），统和十九年（1001）"以罪降为贵妃"[4]。关于其身世背景和废立原因，史料阙如，不得其详。统和十九年尚处于承天后摄政期间，此事之后月余，承天后之

---

[1] 统和二十七年（1009）十二月辛卯，承天后去世。此前的十一月壬子，辽圣宗行柴册礼，这应是太后还政于圣宗的标志，圣宗亲政自此开始。见《辽史》卷14《圣宗纪五》，第178页。

[2] 承天后对皇权的抑制，在耶律国留案中有直接体现。见《辽史》卷88《耶律资忠传》，第1478页。

[3] 宋人侯莫陈利用曾言："契丹主年幼，国事决于其母，其大将韩德让宠幸用事，国人疾之"。见《续资治通鉴长编》卷27，宋太宗雍熙三年，第602页。宋使宋抟也有"国相韩德让专权既久，老而多疾"之言。见《续资治通鉴长编》卷68，宋真宗大中祥符元年，第1528页。韩德让的专横跋扈以及晚年的声誉不佳，在《辽史》中也有体现。参见《辽史》卷81《耶律室鲁传》，第1415页；卷82《耶律虎古传》，第1427—1428页。

[4] 《辽史》卷11《圣宗纪二》，第133页；卷14《圣宗纪五》，第170页。

侄女便被立为齐天皇后。^①一废一立，当与承天后有关。齐天皇后为承天后弟隗因之女，母为韩德让之妹。^②此次册立，应是承天后与韩德让强化本家族势力的举措。统和末，承天后与韩德让先后去世，齐天后成为维系两大家族势力的关键。从《辽史·后妃传》的记载看，齐天后颇得圣宗宠爱，但"生皇子二，皆早卒"，只得将宫人耨斤所生之子宗真"取而养之如己出"^③，又为宗真娶本族萧匹里之女为妻。^④耶律宗真即辽兴宗，即位后将萧匹里之女立为后，敌鲁系对后位的掌控得以延续。但这种局面并未持续多久，便终结于钦哀后耨斤之手。

　　钦哀后为兴宗生母，为阿古只后裔。按《辽史·后妃传》，钦哀后开泰五年（1016）生宗真时尚为"宫人"^⑤。述律后在大同元年（947）被迁于祖州后，后族势力一蹶不振，阿古只系尤甚，虽曾产生过世宗怀节皇后，但无显宦产生。^⑥在这一背景下，钦哀后初入宫时的地位自然无法与出自敌鲁系的齐天后相比。蔡美彪指出，阿古只系在圣宗末年出现复兴趋势，主要原因为钦哀之子得立太子，以及钦哀之弟孝穆屡立战功、位居显要。^⑦事实上，阿古只系的复兴在承天后摄政时已初现端倪。前文已述，为壮大后族势力，承天后在摄政期间就对阿古只系多有栽培，排押、恒德兄弟的进用以及二人与公主的联姻就是例证。此外钦哀后本人早年可能也受惠于承天后，《辽史·后妃传》记载：

　　（钦哀后）黝面狠视。母尝梦金柱擎天，诸子欲上不能；后后

① 《辽史》卷14《圣宗纪五》，第170页。
② 参见孙伟祥：《后族与辽朝政治研究》，第42页。
③ 《辽史》卷71《后妃传》，第1323页。
④ 萧匹里即萧绍业，为承天后之弟继先之子。参见孙伟祥：《后族与辽朝政治研究》，第43页。故兴宗首位皇后出自承天太后家族。据《辽史·圣宗纪》，耶律宗真纳妃是在圣宗太平五年（1025），其时萧绰已去世，此次联姻可能是由齐天后主导的。
⑤ 《辽史》卷71《后妃传》，第1324页。
⑥ 《萧德温墓志》记载，萧和（钦哀后之父、萧德温之曾祖父）生前无官职。蔡美彪据此指出，阿古只三世、四世孙均无职任。参见蔡美彪：《辽代后族与辽季后妃三案》，收入氏著：《辽金元史考索》，第105页。可见此家族在世宗至景宗时期一度衰落。
⑦ 参见蔡美彪：《辽代后族与辽季后妃三案》，收入氏著：《辽金元史考索》，第104-105页。

至，与仆从皆升，异之。久之，入宫。尝拂承天太后榻，获金鸡，吞
之，肤色光泽胜常。太后惊异曰："是必有奇子！"[1]

引文虽颇具神话色彩，但也透露出某些历史信息。首先，诸子欲上
金柱而不能，耨斤与仆从皆升，反映出孝穆、孝先等诸弟凭耨斤而鸡犬升
天；其次，"拂承天太后榻，获金鸡"反映出，耨斤可能曾服侍过承天
后。耨斤得以被圣宗临幸，或许就是承天后的刻意安排。这虽是因齐天后
无子的无奈之举，但也符合承天后扶持阿古只系以壮大后族势力一贯的做
法。[2]

钦哀后在开泰、太平年间地位的提升，除"母凭子贵"的因素外，还
与圣宗亲政后皇权的复兴有关。圣宗即位后受制于承天后与韩德让，皇权
不振近三十年。统和二十九年（1011）韩德让去世时，宋臣王钦若甚至表达
了"国主（辽圣宗）懦弱，自今恐不能坚守和好"[3]的担忧，从中可见辽皇
权之弱势。统和年间，辽朝权力核心为承天后与韩德让，二人去世后，他
们构筑的权力网络却延续下去，因此圣宗亲政后着力淡化承天后与韩德让
的痕迹。韩德让去世当月，圣宗任命内侍出身的亲信耶律室鲁接任北院枢
密使，史称"自韩德让知北院，职多旷废，室鲁拜命之日，朝野相庆"[4]。
辽朝地位最尊的北院枢密使一职，自此在圣宗朝再未回归承天后家族。耶
律室鲁死后，圣宗先后任命皇族出身的耶律化哥、耶律世良继任。开泰五
年（1016），圣宗任突吕不部吏职出身的萧合卓为北院枢密使，[5]这是继穆
宗朝萧护思之后第二位吏职出身的北院枢密使，当属任寒族以强化皇权的
体现。萧合卓出任北院枢密使后遭到众多贵族反对，但却得到了圣宗的维

---

[1] 《辽史》卷71《后妃传》，第1324页。
[2] 至统和二十七年（1009）承天后逝世前，圣宗与齐天后尚无子嗣。统和十九年（1001），圣宗
首位皇后被降为贵妃，或与立后十五年内始终未能生子有关。在这种情况下，安排血统相对高
贵、地位相对较低的阿古只系女子入宫，应是退而求其次的合理选择。关于圣宗子嗣情况，见
《辽史》卷64《皇子表》，第1091–1093页。
[3] 《续资治通鉴长编》卷73，宋真宗大中祥符三年正月丁巳，第1650页。
[4] 《辽史》卷81《耶律室鲁传》，第1415页。
[5] 参见《辽史》卷15《圣宗纪六》，第194页；卷81《萧合卓传》，第1418页。

护。①作为对比，汉人行宫都部署王继忠推荐后族出身的萧敌烈为枢密使，圣宗"疑其党而止"②。关树东指出，此事"透露出圣宗对围绕横帐、国舅帐诸房形成的权力网络及政治斗争比较敏感，有意启用平民出身的萧合卓"③。其实王继忠作为降将在辽朝得到重用，是承天后知遇、拔擢之结果，其本人便带有承天党人之色彩。④王继忠的敏感身份，应是圣宗怀疑他与后族结党的原因，背后反映出的仍是圣宗对承天后族人及党羽的忌惮。围绕萧合卓还有一事更值得注意，《辽史·耶律制心传》记载：

> （制心）以皇后外弟，恩遇日隆。枢密副使萧合卓用事，制心奏合
> 卓寡识度，无行检，上默然。每内宴欢洽，辄避之。皇后（齐天后）不
> 悦曰："汝不乐耶？"制心对曰："宠贵鲜能长保，以是为忧耳！"⑤

韩制心为韩德让之侄。尽管有韩制心劝谏在先，圣宗仍于开泰五年（1016）任萧合卓为北院枢密使。韩德让生前长期总揽二枢密院事，对枢密院之影响，在其死后依旧持续。⑥因此，韩制心对北院枢密副使萧合卓的指责便极为敏感，圣宗"默然"的背后应当同样是对结党的忧虑。韩制心"宠贵鲜能长保"之言，更体现了对承天后与韩氏家族前景的担忧。或许圣宗对两大家族的疏远在亲政之初便已现端倪。出于权力平衡的考虑，圣宗亲政后提升了阿古只系的地位，除重用钦哀诸弟外，这在钦哀本人身上也有所体现。《辽史·赵安仁传》记载：

> 深州乐寿人，自幼被俘。……授内侍省押班、御院通进。开泰八
> 年（1019），与李胜哥谋奔南土，为游兵所擒。初，仁德皇后与钦哀有
> 隙，钦哀密令安仁伺皇后动静，无不知者。仁德皇后威权既重，安仁惧

① 参见《辽史》卷81《萧合卓传》，第1419页；《辽史》卷88《耶律资忠传》，第1479页。

② 《辽史》卷88《萧敌烈传》，第1474页。

③ 关树东：《辽圣宗时期的宰执群体》，《宋史研究论丛》2010年第2期，第94页。

④ 《辽史》卷81《王继忠传》记载，继忠被俘后，"太后知其贤，授户部使，以康默记族女女之。继忠亦自激昂，事必尽力"（第1416页）。可见承天后的知遇和拔擢，是王继忠在辽发迹的关键。

⑤ 《辽史》卷82《耶律制心传》，第1424–1425页。

⑥ 耶律世良任北院枢密使，便是源自韩德让晚年的力荐，见《辽史》卷94《耶律世良传》，第1524页。

祸，复谋亡归。仁德欲诛之，钦哀以言营救。圣宗曰："小喜言父母兄弟俱在南朝，每一念，神魂陨越。今为思亲，冒死而亡，亦孝子用心，实可怜悯。"赦之。[1]

齐天、钦哀对赵安仁处理意见的分歧，透露出二人之间的矛盾。对圣宗而言，此案并非简单的刑事案件，他的意见将直接体现政治天平倾向何方。圣宗对赵安仁的赦免，可视为是一政治表态，体现出对齐天后威权的打压，以及对钦哀后的亲近。在圣宗亲政的政治局势下，齐天后作为承天后之侄、韩德让之甥的显赫背景，某种程度上是萧、韩二人专权的象征，反而成了其弱点，导致了她与钦哀后地位的逆转。

开泰三年（1014），钦哀后之弟、西北路招讨都监萧孝穆被圣宗任命为北府宰相，太平二年（1022）以北府宰相"知枢密院事，充汉人行宫都部署"，次年又受封燕王，任南京留守、兵马都总管，成为圣宗中后期最为显赫的重臣。[2]孝穆之弟孝忠在太平六年（1026）出任北府宰相，孝先则在开泰、太平年间历任南京统军使、汉人行宫都部署、上京留守等要职。[3]钦哀诸弟在圣宗亲政后皆受重用，孝忠、孝先得尚公主，再加上太平元年（1021）耶律宗真被立为太子，钦哀一族在圣宗后期逐渐崛起为一支强大的政治力量。相较而言，齐天后虽贵为皇后，但由于承天后、韩德让已死，背后无强大的家族势力，又无子嗣可继承皇位，地位实际已岌岌可危。[4]

太平十一年（1031）辽圣宗去世，十五岁的耶律宗真即位，钦哀后摄政时代就此开始。[5]关于钦哀后摄政后的权力斗争，蔡美彪先生已有专文详述，故不做赘述。[6]总体而言，钦哀后政变举措大致有三：除承天党

---

① 《辽史》卷109《赵安仁传》，第1631页。

② 参见《辽史》卷87《萧孝穆传》，第1465–1466页。

③ 参见《辽史》卷81《萧孝忠传》，第1417页；卷87《萧孝先传》，第1467–1468页。

④ 出自敌鲁系的萧继先也于统和末去世，自此圣宗时期敌鲁系成员便无重臣在朝。参见《辽史》卷78《萧继先传》，第1389页。

⑤ 参见《辽史》卷18《兴宗纪一》，第239–240页。

⑥ 参见蔡美彪：《辽代后族与辽季后妃三案》，收入氏著：《辽金元史考索》，第100–125页。

人、杀齐天后、废兴宗皇后。钦哀后借此清除了承天后在辽朝政治上的影响。钦哀后在清洗承天一党的同时，也大肆培植诸弟，萧孝穆重熙六年（1037）得任北院枢密使。[①]同年孝穆之弟萧惠被任命为契丹行宫都部署、南院枢密使。[②]在清洗承天党人中发挥关键作用的萧孝先，重熙初年同样得任北院枢密使，史称其"在枢府，好恶自恣，权倾人主，朝多侧目"[③]。此外，钦哀后还在重熙四年（1035）立孝穆之女为兴宗皇后。[④]通过将后位以及两枢密院掌控于本家族之手，阿古只系全面复兴。钦哀后家族在兴宗朝权倾朝野，连宋人都知之甚详。《续资治通鉴长编》记载，"契丹法天太后（钦哀后）专制其国，多杀功臣，用萧氏兄弟分监南北蕃汉事。萧氏奴为团练、防御、节度、观察使者至四十人。范阳无赖辈以故多占名为萧氏奴"[⑤]。《辽史》也提到"兴宗即位，钦哀皇后始得志，昆弟专权"[⑥]，"兴宗即位，皇太后称制，国事一委弟孝先"[⑦]。

从以上记载来看，较之齐天后，钦哀后摄政期间权势更大，对皇权的干涉也更为积极。这在钦哀后图谋废立一事中有所呈现。钦哀后与弟萧孝先企图废兴宗，改立次子重元。阴谋败露后，兴宗于重熙三年（1034）"收太后符玺，迁于庆州"[⑧]，但钦哀后家族并未因此而伤筋动骨。次年，兴宗立孝穆之女为皇后；孝穆、孝忠继续得居高位，连参与废立图谋的孝先都得以保留王爵，并在后来出任南京留守。重熙八年（1039）钦哀后复位，甚至公然向兴宗建议传位重元。可见在兴宗朝，钦哀后家族地位已相当稳固，成为一支独立于皇权之外、深为皇帝所忌惮的政治力量。

钦哀后摄政以来，后族长期在辽朝政治中有重要影响力，直至辽亡。

---

① 参见《辽史》卷87《萧孝穆传》，第1466页。

② 参见《辽史》卷18《兴宗纪一》，第247页。

③ 《辽史》卷87《萧孝先传》，第1468页。

④ 参见《辽史》卷71《后妃传》，第1325页。

⑤ 《续资治通鉴长编》卷115，宋仁宗景祐元年八月，第2696页。

⑥ 《辽史》卷62《刑法志下》，第1045页。

⑦ 《辽史》卷80《萧朴传》，第1411页。

⑧ 《辽史》卷71《后妃传》，第1324页。

后族之间，以及后族与皇族之间的合作、斗争，影响了道宗、天祚两朝的政治走向，一定程度上导致了辽朝的衰亡。[1]学界对此论述颇多，兹不赘述，下面仅从兴宗、道宗以及天祚三朝的枢密使人选，来展现辽中后期的二族共治现象：

表2.2　辽中后期北院枢密使人选表

人　名	出　身	任职时间	备　注
萧觯里	不　详	兴宗朝	
萧孝先	后族阿古只系	兴宗朝	钦哀后之弟
萧孝穆	后族阿古只系	兴宗朝	钦哀后之兄
萧孝忠	后族阿古只系	兴宗朝	钦哀后之弟
萧　惠	后族阿古只系	兴宗朝	
萧　革	后　族	兴宗、道宗朝	
萧阿剌	后族阿古只系	道宗朝	萧孝穆之子
耶律仁先	皇族孟父房	道宗朝	
萧图古辞	楮特部	道宗朝	
耶律乙辛	五院部	道宗朝	
耶律霖	不　详	道宗朝	
萧尧昌	不　详	道宗朝	
耶律颇的	皇族季父房	道宗朝	
耶律阿思	不详	道宗、天祚朝	
耶律斡特剌	皇族季父房	天祚朝	
萧奉先	后族阿古只系	天祚朝	天祚元妃兄
耶律霞抹	皇族季父房	天祚朝	

（根据王成名《辽代枢密院及其官员群体研究》附表1改编）[2]

---

[1] 参见蔡美彪：《辽代后族与辽季后妃三案》，收入氏著：《辽金元史考索》，第125页；熊鸣琴：《钦哀后家族与辽道宗朝党争考论》，《中国史研究》2013年第2期，第109-120页。

[2] 原表在"萧奉先"一栏下有"萧得里底"。但二人可能为同一人，故仅留其一。参见傅乐焕：《辽史复文举例》，收入氏著：《辽史丛考》，中华书局1984年版，第295-299页。

辽政权最为枢要的北院枢密使，三朝共17人，除去出身不详者4人，计有中外戚7人，宗室4人。从另一个角度看，表中确定出身非帝、后二族者，仅萧图古辞一人。由此来看，宗室、外戚几乎占据了这一津要之职。相比之下，辽前中期出掌北枢密院的外戚仅两人，即景宗朝的萧思温和圣宗朝的萧朴，人数远少于宗室成员。①

主管南面州县事务，过去主要由汉人担任枢密使的南枢密院，在辽中后期也出现了众多由宗室、外戚出任的枢密使：

表2.3　辽中后期南院枢密使人选表

人　名	出　身	任职时期	备　注
萧　朴	后族阿古只系	兴宗朝	
萧　惠	后族阿古只系	兴宗朝	
刘六符	汉　人	兴宗朝	
萧孝穆	后族阿古只系	兴宗朝	钦哀后之兄
萧孝友	后族阿古只系	兴宗朝	钦哀后之弟
耶律宗政	斡鲁朵皇族	兴宗朝	
萧　革	后族敌鲁系	兴宗、道宗朝	
萧阿剌	后族阿古只系	道宗朝	萧孝穆之子
耶律仁先	皇族孟父房	道宗朝	
萧阿速	后族阿古只系	道宗朝	钦哀后之侄
耶律乙辛	五院部	道宗朝	
姚景行	汉　人	道宗朝	进士
萧惟信	楮特部	道宗朝	
杨绩	汉　人	道宗朝	进士

---

① 辽前中期，皇族出身的北院枢密使至少有四人，即世宗朝的耶律安抟、景宗朝的耶律贤适、圣宗朝的耶律斜轸和耶律化哥。此外圣宗朝的耶律室鲁、耶律世良也很可能出自皇族，因为二人皆曾出任北院大王。参见王成名：《辽代枢密院及其官员群体研究》，吉林大学2018年博士学位论文，第189–192页。

人　名	出　身	任职时期	备　注
李仲禧	汉　人	道宗朝	
刘筠	汉　人	道宗朝	
萧兀纳	后族阿古只系	道宗朝	
特　末	不　详	道宗朝	
耶律斡特剌	皇族季父房	天祚朝	
牛温舒	汉　人	天祚朝	进士
马人望	汉　人	天祚朝	进士

（根据王成名《辽代枢密院及其官员群体研究》附表1改编）

三朝共有南院枢密使21人，其中外戚8人，宗室3人，汉人仅占半数。特别是在兴宗朝，后族阿古只系成员几乎垄断了此职。

从北、南枢密使人选看，帝、后二族共治的局面在辽中后期已经形成。钦哀后摄政深刻影响了辽中后期的权力格局，后族重新成为一支在高层政治上堪与皇族相提并论的政治势力。而钦哀后家族的崛起，又滥觞于承天后摄政时期。因此可以说，辽朝帝、后二族共治格局的恢复，是在承天、钦哀两位摄政太后的主导下完成的。

综上所述，辽朝的确存在帝、后二族共治的现象，特别是在辽前期的太祖朝，以及中后期的兴宗、道宗、天祚三朝。就高层政治而言，二族共治色彩在辽中后期政治中更突出，但不可否认的是，二族的重要地位在辽建国之际便已形成，根本上源自阿保机创业建国历程中所构建的家族与权力网络。

一个国家的政治模式，通常孕育于建国历程之中。辽朝后族地位的长期稳定，以及辽朝帝、后二族共治局面的出现，皆源于辽朝特殊的建国方式。下文将着眼于阿保机家族与权力网络形态、生成、演变，分析后族在其中的特殊作用，以此视角重新回顾辽朝建国史，并探讨辽朝帝、后二族共治政治形态的根源。

第二节　二族共治与辽朝国家的建立

太祖五年至七年（911—913）爆发的诸弟之乱，是阿保机即汗位后面临的最大危机，平定诸弟之乱，是阿保机建国历程中的重要一环。学界对诸弟之乱已有较多研究，通常认为叛乱源自阿保机对可汗任期制的破坏，和对诸弟世选权的剥夺，并在此基础上解释为何阿保机一再宽容诸弟。[①]这种解释方式在给我们重大启发的同时，也忽视了诸弟之乱中的某些细节问题。诸弟之乱是我们认识契丹建国之际政治派系的一个窗口。因此在分析阿保机建国亲信集团的构成之前，首先回顾诸弟之乱的经过，以此来了解阿保机建国之际所面临的政治局势。

一、对诸弟之乱的再认识

太祖五年（911），第一次诸弟之乱爆发。关于此次叛乱的经过，《辽史·太祖纪》记载：

> （五月）皇弟剌葛、迭剌、寅底石、安端谋反。安端妻粘睦姑知之，以告，得实。上不忍加诛，乃与诸弟登山刑牲，告天地为誓而赦其罪。出剌葛为迭剌部夷离堇，封粘睦姑为晋国夫人。[②]

从中可知，叛乱主谋为阿保机之次弟剌葛。但由于安端之妻的告密，叛乱被提前扼杀。因引文简略，我们不清楚诸弟此次叛乱的目的。《辽史·皇子表》记载：

---

① 参见姚从吾：《说辽朝契丹人的世选制度》，《东北史论丛》（上），正中书局1959年版；蔡美彪：《契丹的部落组织和国家的产生》，收入氏著：《辽金元史考索》，第56—57页；杨树森：《辽史简编》；李桂芝：《契丹贵族大会钩沉》，《历史研究》1999年第6期，第73—74页；王德忠：《辽朝世选制度的贵族政治特色及其影响》，《东北师大学报》2003年第6期，第72页；任爱君：《从舍利到帝王：耶律阿保机"化家为国"的历史背景及时代内涵》，《社会科学辑刊》2004年第2期，第89页；陈述：《契丹史论证稿》，山西人民出版社2014年版，第71—72页。

② 《辽史》卷1《太祖纪上》，第5页。

> （剌葛）性愚险。破涅烈部而骄，与弟迭剌、安端等谋乱。事觉，按问，具伏，太祖令誓而舍之。太祖曰："汝谋此事，不过欲富贵尔。"出为迭剌部夷离堇。①

此段引文也只是含糊地提到"欲富贵尔"，同样未明言诸弟的诉求。但我们注意到，阿保机在挫败叛乱图谋后，与诸弟登山盟誓，仪式中的一个重要内容是"誓而舍之"。诸弟发誓完毕，阿保机任命剌葛为迭剌部夷离堇。在当时的契丹国家中，迭剌部夷离堇之上唯有可汗一职。阿保机既然补偿剌葛迭剌部夷离堇一职，诸弟发誓放弃的便只能是汗位。一般认为，世选权被剥夺是造成诸弟叛乱的原因。但诸弟所拥有的只是世选迭剌部夷离堇之权；至于汗位，则在遥辇时期可能从未被世选过。②因此，从世选权的角度来解释诸弟叛乱的动机，难以自圆其说。

第二次诸弟之乱发生于太祖六年（912），前后持续两年。此次叛乱始于太祖七月亲征术不姑。阿保机在此战中，命剌葛分兵攻平州。③《辽史·皇子表》记载，剌葛此役"统本部兵攻下平州"④，所统领的正是迭剌部兵马。可见剌葛所受之夷离堇并非虚衔，而是有统领迭剌部的实权。剌葛克平州后，趁回师之机再度谋叛。《辽史·太祖纪》记载：

> 冬十月戊寅，剌葛破平州，还，复与迭剌、寅底石、安端等反。……壬辰，（阿保机）还次北阿鲁山，闻诸弟以兵阻道，引军南趋十七泺。是日燔柴。翼日，次七渡河，诸弟各遣人谢罪。上犹矜怜，许以自新。⑤

剌葛回师途中谋叛，所统领的叛军当为"本部兵"，即迭剌部兵马。

---

① 《辽史》卷64《皇子表》，第1067页。

② 对契丹存在过汗位世选制的否定性意见，参见林鹄：《契丹选汗说商兑——兼论所谓北族推选传统》，收入氏著：《南望：辽前期政治史》，生活·读书·新知三联书店2018年版，第305–313页。

③ 时间见《辽史》卷1《太祖纪上》，第6页。《辽史》卷64《皇子表》记载，剌葛此役"统本部兵攻下平州"（第1067页）。可见剌葛的夷离堇头衔并非虚衔，而是真正统领的迭剌部的实职。

④ 《辽史》卷64《皇子表》，第1067页。

⑤ 《辽史》卷1《太祖纪上》，第6页。

阿保机听闻诸弟作乱后，马上有"燔柴"举动。"燔柴"即举行柴册仪，[①]
而柴册仪是遥辇时期的可汗即位仪。阿保机取得汗位的当天，便曾"燔柴告
天"。阿保机在此年二次燔柴，应有重申汗位合法性之意，这同样暗示诸弟
的目标是汗位。

阿保机的再次宽纵并未换来诸弟的忠诚，太祖七年（913）三月，诸弟
卷土重来，阿保机与叛党之间的战争也第一次真正爆发。《辽史·太祖纪》
记载：

> 三月癸丑，次芦水，弟迭剌哥图为奚王，与安端拥千余骑而至，
> 绐称入觐。上怒曰："尔曹始谋逆乱，朕特恕之，使改过自新，尚尔反
> 覆，将不利于朕！"遂拘之，以所部分隶诸军。而剌葛引其众至乙室堇
> 淀，具天子旗鼓，将自立，皇太后阴遣人谕令避去。……上以兵追之，
> 剌葛遣其党寅底石引兵径趋行宫，焚其辎重、庐帐，纵兵大杀。[②]

引文中，叛党首领仍是剌葛、迭剌、寅底石、安端，但辖底父子、释
鲁之子滑哥也参与其中。[③]剌葛四人以及滑哥为玄祖之孙，辖底父子则属于
帖剌后人。自迭剌部设立以来，夷离堇始终由涅里子孙担任，至懿祖萨剌德
（阿保机三世祖）以来，夷离堇人选基本不出帖剌（懿祖长子）、玄祖（懿
祖次子，阿保机祖父）二系之范围。而这两个迭剌部最显贵的家族，皆有成
员参与到诸弟之乱中，足见叛党之强大。另外从叛军人数看，迭剌与安端在
叛乱伊始"拥千余骑而至"，而阿保机的亲军腹心部，人数不过两千余。[④]
而叛军中仅由迭剌、安端率领的骑兵便达千余，剌葛在乙室堇淀集结的主力
应多于此数。剌葛叛乱时为迭剌部夷离堇，统本部兵自平州回师，再结合迭
剌部辖底、滑哥等显贵参与叛乱的情况，迭剌部应在叛乱中举足轻重。

太祖八年（914）七月，诸弟之乱被平定。在《辽史》中有明确记载的
叛党人员如下：

---

① 阿保机燔柴之举，至少可以视为对柴册仪的一种代替。参见王凯：《辽朝礼制研究》，吉林大
学2017年博士学位论文，第26页。

② 《辽史》卷1《太祖纪上》，第6—7页。

③ 《辽史》卷112《耶律辖底传》，第1648页。

④ 《辽史》卷73《耶律曷鲁传》，第1347页。

表2.4 诸弟之乱叛党人员表

人　名	处理情况	身　份	出　身
解里	太祖七年被处死	不明	不明
雅里、弥里	太祖七年被处死	不明	不明
涅里思	太祖七年被处死	阿保机养子	不明
迪里姑	太祖七年被处死		乙室部
特里	太祖七年被处死		迷骨离部
怖胡、亚里只等十七人	怖胡于太祖八年被处死，其余免罪		不明
滑哥	太祖八年被处死	释鲁之子	迭剌部玄祖系
剌葛	免罪	阿保机次弟	迭剌部玄祖系
迭剌	免罪	阿保机三弟	迭剌部玄祖系
寅底石	免罪	阿保机四弟	迭剌部玄祖系
安端	免罪	阿保机五弟	迭剌部玄祖系
室鲁	免罪	述律后之兄阿保机妹夫	后族
辖剌	太祖八年被处死	剌葛之妻	不明
涅离	太祖八年被免罪神册三年被处死	寅底石之妻	不明
粘睦姑	主动投诚	安端之妻	不明
辖底	主谋之一太祖八年被处死	阿保机叔父前迭剌部夷离堇于越	迭剌部帖剌系
迭里底	太祖八年被处死	辖底之子前迭剌部夷离堇	迭剌部帖剌系

注：1. 资料来源为《辽史》卷1《太祖纪》；2. 死因可能与从逆有关，但缺少明确证据者，未列入；3. 按被惩处时间排序。

在《辽史》中被记录姓名者，显然不会是叛党中无关紧要的人物。上表中可确定身份的叛乱者，多为出自迭剌部的宗室成员，同样表明叛党当以迭剌部贵族为主体。

另外，阿保机之母在诸弟之乱中的立场也值得注意。由于《辽史》的简略或避讳，我们无法直接了解阿保机之母宣简皇后在叛乱中的立场和态度，但《太祖纪》的记载透露出一些蛛丝马迹。太祖七年（913）三月，刺葛起兵。《辽史·太祖纪》记载"刺葛引其众至乙室堇淀，具天子旗鼓，将自立，皇太后阴遣人谕令避去"[1]。"皇太后"即阿保机之母宣简皇后。刺葛在乙室堇淀集结人马、将行自立时，阿保机已得知诸弟的谋叛意图。[2]此时宣简后暗中遣人令诸弟避去，应是向诸弟透露阿保机之行动。《辽史·太祖纪》记载：

> 皇太后阴遣人谕令避去。会弥姑乃、怀里阳言车驾且至，其众惊溃，掠居民北走。上以兵追之，刺葛遣其党寅底石引兵径趋行宫，焚其辎重、庐帐，纵兵大杀。皇后急遣蜀古鲁救之，仅得天子旗鼓而已。其党神速姑复劫西楼，焚明王楼。[3]

引文中虽描述叛军"惊溃""北走"，但从下文看，刺葛"北走"并非惊慌失措的逃窜。他趁阿保机追击之机，遣寅底石率军直取阿保机斡帐。[4]述律后"急遣"救兵之举，以及"仅得天子旗鼓"的窘状，反映出阿保机的措手不及。同时，刺葛之党神速姑突袭西楼，焚烧明王楼。刺葛对阿保机的进攻目标明确、颇具章法，兵锋所指皆为阿保机核心腹地，而阿保机则显得较为被动。诸弟叛乱之初进展顺利，当与宣简皇后暗中提供信息不无关系。即便宣简皇后并未向诸弟传递阿保机的军情动向，"阴遣人谕令避去"至少说明，宣简皇后在情感上更亲近诸弟。

宣简皇后不仅直接涉入叛乱，更在叛党之中发挥了纽带作用。《辽

---

① 　《辽史》卷1《太祖纪上》，第7页。

② 　在此之前，阿保机已擒获迭剌、安端。见《辽史》卷1《太祖纪上》，第6页。

③ 　《辽史》卷1《太祖纪上》，第7页。

④ 　《辽史》中的"行宫"通常指斡鲁朵。诸弟之乱爆发时，辽朝斡鲁朵制度尚未建立，此处行宫应指阿保机之斡帐。

史·后妃传》记载，宣简后有"男、女六人"①，即五子一女。除剌葛等四子外，阿保机胞妹亦参与到了叛乱之中。太祖八年（914）正月，阿保机清算逆党时言道："北宰相实鲁妻馀卢睹姑于国至亲，一旦负朕，从于叛逆，未置之法而病死，此天诛也。"②馀卢睹姑即阿保机胞妹，为述律后之弟萧实鲁之妻。③阿保机一母同胞的弟、妹皆参与了叛乱。而阿保机同父异母之弟耶律苏，却站在阿保机一方协助其平叛。④两相对比，宣简皇后作为叛党纽带的身份便得以凸显。

接下来的问题在于，阿保机与诸弟皆为宣简皇后之子，为何诸弟要颠覆至亲胞兄的统治？为何宣简后要支持次子而反对长子？传统的"世选说"能解释第一个问题，但无法解答后一个问题。对于这两个问题，除世选制的角度外，还应从阿保机特殊的早年经历来看。第一章已述，阿保机易代建国中的关键一步，是以外部势力介入迭剌部内部事务，获取迭剌部夷离堇之位，这在很大程度上是由其特殊的早年经历所致。《辽史·太祖纪》记载：

> （阿保机）唐咸通十三年生。初，母梦日堕怀中，有娠。及生，室有神光异香，体如三岁儿，即能匍匐。祖母简献皇后异之，鞠为己子。常匿于别幕，涂其面，不令他人见。三月能行，晬而能言，知未然事。自谓左右若有神人翼卫。虽龁龀，言必及世务，时伯父当国，疑辄咨焉。⑤

阿保机出生后便被简献后鞠为己子，匿于别幕抚养，并未在生母宣简皇后身边长大。简献后此举可能与玄祖遇害有关。《辽史》记载：

> 玄祖简献皇后萧氏，小字月里朵。玄祖为狼德所害，后孀居，恐不免，命四子往依邻家耶律台押，乃获安。太祖生，后以骨相异常，惧有

---

① 《辽史》卷71《后妃传》，第1319页。
② 《辽史》卷1《太祖纪上》，第9页。
③ 参见史风春：《关于辽朝后族室鲁的几个问题》，《内蒙古社会科学》2014年第5期，第49页。
④ 参见《辽史》卷64《皇子表》，第1073页。
⑤ 《辽史》卷1《太祖纪上》，第1页。

阴图害者，鞠之别帐。①

耶律欲稳，字辖剌干，突吕不部人。祖台押，遥辇时为北边拽剌。简献皇后与诸子之厄难也，常倚之以免。②

玄祖遇害涉及迭剌部内的权力斗争，其子女在部内的生存环境颇为险恶，只得避难于突吕不部台押之家。阿保机出生时，玄祖家族可能尚未走出这一政治危机。因此简献皇后会"惧有阴图害者"。③被祖母收养的经历，给阿保机带来的影响有二。

其一，自幼追随伯父释鲁。《辽史·太祖纪》关于阿保机"虽龆龀，言必及世务，时伯父当国，疑辄咨焉"④的记载虽为美饰之辞，但透露出阿保机早年曾得到伯父提携。⑤从释鲁对童年阿保机、曷鲁"兴我家者，必二儿也"⑥的评价看，阿保机很可能被释鲁视为接班人。在此基础上，阿保机得以继承释鲁的政治资源，但这也导致他缺少在迭剌部内任职的经历，某种程度上削弱了对迭剌部的掌控。

其二，导致阿保机与生母及同胞弟妹的疏远。阿保机虽为宣简皇后之子，但自幼被祖母"鞠为己子"，这或许造成了母子间的隔阂。从阿保机幼年经历看，他似乎也缺少与诸弟共同生活的经历。阿保机童年伙伴，在《辽史》有明确记载仅两人——偶思之子曷鲁与辖底之子解里。阿保机也曾称"解里自幼与朕常同寝食，眷遇之厚，冠于宗属"⑦，可见与这位族弟的亲

---

① 《辽史》卷71《后妃传》，第1319页。

② 《辽史》卷73《耶律欲稳传》，第1352页。

③ 从阿保机一出生便"体如三岁儿""能匍匐""三月能行，晬而能言"等异相看，他甚至可能不是德祖与宣简后所生之子，而是由简献后所收养的年龄较大的孩子，这或许在某种程度上造成了阿保机与宣简后的隔阂。由于缺乏证据，此处仅作猜测。

④ 《辽史》卷1《太祖纪上》，第1页。

⑤ 收养晚辈亲属的现象在契丹并不罕见，或许是培植亲信的惯常做法，阿保机便曾收养外甥耶律老古、孟父房耶律朔古。《辽史》记载"老古幼养宫掖，既长，沉毅有勇略，隶太祖帐下"（第1351页）、"（耶律朔古）幼为太祖所养，既冠，为右皮室详稳"（第1374页）。

⑥ 《辽史》卷73《耶律曷鲁传》，第1345页。

⑦ 《辽史》卷1《太祖纪上》，第9页。此外《辽史》卷112《迭里特传》也记载了传主早年与阿保机的亲密关系。（第1649页）

近程度胜过胞弟。对于最枢要的迭剌部夷离堇一职,阿保机首先考虑人选便是曷鲁与解里。相比之下,剌葛在阿保机即位后仅出任大内惕隐,地位虽高,但权力显然无法与迭剌部夷离堇相提并论。因此对阿保机而言,共同生活经历比血缘更能塑造政治上的信任。而阿保机与诸弟的疏远,也在一定程度上导致了后来的诸弟之乱。

总之,透过诸弟之乱,我们可对辽初的政治派系以及阿保机的早年经历有初步了解。在此基础上,下文将从阿保机亲信集团构成、形成、演变的角度,探讨阿保机的建国方式,并分析这一建国方式对辽朝政治形态的影响。

二、阿保机建国亲信集团的构成

分析完阿保机的敌对势力,再来看阿保机创业建国历程中所倚重的亲信势力。阿保机亲信集团脱胎于阿保机家族在遥辇时期的权力网络,经过数代人的时间凝聚而成。阿保机亲信集团作为辽王朝的创建者,其生成、壮大的过程,就是辽政权建立的过程;其人员构成和结构特征,塑造了辽朝"帝、后二族共治"的政治形态。脱离阿保机集团来谈建国史,就难以把握辽朝建国历程的特殊性。因此本节将首先对阿保机集团的构成加以梳理,在此基础上再分析其结构。

1.太祖"佐命功臣"的组成

探讨阿保机亲信集团的构成,太祖二十一功臣名单是一份重要的文献。《辽史·耶律曷鲁传》记载"后太祖二十一功臣,各有所拟,以曷鲁为心云"[①],《皇子表》记载"太祖二十功臣,苏居其一"[②]。可见辽代有"太祖二十一功臣"或"太祖二十功臣",[③]这应是一份官方认定的辽开国功臣名单。关于这一名单出现的时间,《耶律曷鲁传》记载二十功臣"各有所

---

① 《辽史》卷73《萧敌鲁传》,第1348页。
② 《辽史》卷64《皇子表》,第1074—1075页。
③ 《辽史》有"太祖二十一功臣"和"太祖二十功臣"两说。前者出自《耶律曷鲁传》,源出陈大任《辽史》,后者出自《皇子表》,史源很可能是耶律俨《皇朝实录》。故本文采"二十功臣"之说。

拟"[1]。《辽史·萧敌鲁传》记载：

> 敌鲁有胆略，闻敌所在即驰赴，亲冒矢石，前后战未尝少衄，必胜乃止。以故在太祖功臣列，喻以手云。弟阿古只，……功臣中喻阿古只为耳云。[2]

敌鲁、阿古只分别被喻为手、耳，可见亦在二十功臣之列。《萧义墓志》（天庆二年，1112）记载：

> 其先迪烈宁，太祖姑表弟，应天皇后之长兄也。佐佑风云，赞翊日月。初置北相，首居其位。时圣元肇祚，用人若身，运使从心，目公为手。[3]

迪烈宁即萧敌鲁。从"圣元肇祚，用人若身，运使从心，目公为手"来看，将敌鲁比拟为手的正是阿保机本人。可见，"二十功臣"是一份由阿保机亲自拟定的功臣名单，因此可以反映出阿保机亲信集团的构成。那么这份名单包括哪些功臣？

在《辽史》中被明确记载为二十功臣的，仅耶律曷鲁、耶律苏、萧敌鲁、萧阿古只四人。此外《辽史》中有五人被记载为太祖"佐命功臣"：

表2.5　《辽史》"佐命功臣"表

人　名	《辽史》记载	所在卷册
耶律斜涅赤	居佐命功臣之一	卷73
耶律老古	佐命功臣其一也	卷73
康默记	佐命功臣其一也	卷74
韩延徽	为佐命功臣之一	卷74
韩知古	为佐命功臣之一	卷74

从"居佐命功臣之一""佐命功臣其一"等描述看，"佐命功臣"并非修辞性描述，而是一个具体的群体。考其事迹，五人皆于神册建元前隶

---

① 《辽史》卷73《耶律曷鲁传》，第1348页。

② 《辽史》卷73《萧敌鲁传》第1349页、《萧阿古只传》，第1350页。

③ 《萧义墓志》，周阿根：《辽代墓志校注》，天津古籍出版社2022年版，第570页。

阿保机麾下，在太祖建国历程中殊有功勋，当亦属二十功臣。[1]由此可确定太祖二十功臣中的九人：耶律曷鲁、萧敌鲁、萧阿古只、耶律斜涅赤、耶律老古、耶律苏、康默记、韩延徽、韩知古。基于目前所见的史料，我们虽只能复原二十功臣中的九人，但从太祖朝的人事安排看，这九人已涵盖功臣集团的核心人员。

在辽初的政权组织架构中，可汗之下地位最高者为迭剌部夷离堇与两府宰相。前者掌控部落联盟中最强大迭剌部，后者分掌契丹其余七部。太祖元年（907）阿保机即汗位时，"北宰相萧辖剌、南宰相耶律欧里思率群臣上尊号"[2]，神册元年（916）称帝建元时，"迭烈部夷离堇耶律曷鲁等率百僚上尊号"[3]，体现出两府宰相及迭剌部夷离堇百官之首的地位。天复三年（903），阿保机由迭剌部夷离堇转任于越，考虑的迭剌部继承人选为耶律曷鲁。[4]而在即汗位后，阿保机首次任命的北、南府宰相分别为萧敌鲁、耶律苏。[5]阿保机掌权之初所任命的迭剌部夷离堇、两府宰相，不出九人之范围。由此来看，这份九人名单当已涵盖太祖二十功臣的核心人员。因此，对于九人身份的分析，将有助于我们了解阿保机亲信集团的构成。

2. 阿保机亲信集团中的宗室成员

由上述九人来看，阿保机亲信集团中的成员可分三类：宗室、外戚以及汉人功臣。以康默记、韩延徽、韩知古为代表的汉人功臣，在太祖建国历程中发挥了重要作用，[6]但他们大多归附阿保机较晚。以上三人中，康

---

① 《辽史》"太祖功臣传"论赞中，先是称诸功臣"投天隙而列功庸，至有心腹、耳目、手足之喻"，又称他们"称为佐命固宜"。可见在史官看来，"太祖二十功臣"与"佐命功臣"概念等同。

② 《辽史》卷1《太祖纪上》，第3页。

③ 《辽史》卷1《太祖纪上》，第10页。

④ 参见《辽史》卷73《耶律曷鲁传》。最终担任此职务的是解里。

⑤ 参见《辽史》卷1《太祖纪上》。

⑥ 对辽初汉官群体介绍，参见王善军：《世家大族与辽代社会》，人民出版社2008年版，第97-135页；蒋金玲：《辽代汉族士人研究》，吉林大学2010年博士学位论文，第53-61页。

默记、韩延徽于太祖五年（911）入契丹，此后隶阿保机麾下；[1]仅有韩知古追随阿保机较早，在太祖取代遥辇氏的历程中有一定贡献。[2]而且太祖麾下的汉人功臣多系投附、被俘而来，在契丹部族中全无根基，因此在遥辇时期契丹贵族的权力斗争中并无重大作用。[3]相比之下，曷鲁等六人皆系契丹贵族，并在遥辇时期便追随阿保机，完整经历了太祖创业建国之历程。因此下文对阿保机亲信的探讨，将聚焦于宗室和外戚功臣。

首先来看阿保机亲信集团中的宗室成员。以地位、贡献而论，宗室功臣之中首推曷鲁。耶律曷鲁与阿保机皆为懿祖后裔，但分属帖剌、玄祖两系。曷鲁曾祖帖剌，九次出任迭剌部夷离堇，[4]祖父匣马葛，两度担任迭剌部夷离堇，父偶思亦出任此职。[5]此家族在迭剌部内无疑地位显赫。遥辇末期，迭剌部夷离堇之位长期在帖剌、玄祖二系内传承，因而两家族之间存在利益冲突。[6]玄祖之子释鲁，死于帖剌长子蒲古只之手；而杀害玄祖的狠德，很可能正是帖剌本人。[7]然而出自帖剌系的偶思一家却并未与

---

① 据《辽史·康默记传》，康默记"少为蓟州衙校，太祖侵蓟州得之"。按《辽史·太祖纪》，阿保机天复三年（903）十月"引军略至蓟北，俘获以还"，太祖五年（911）三月"复略地蓟州"，两度出兵蓟州。第二次入侵蓟州前夕，阿保机征服奚、霫诸部，与《康默记传》中"时诸部新附，文法未备，默记析律意，论决重轻，不差毫厘"的记载相合，因此康默记被俘当在太祖五年。对韩延徽入契丹时间的分析，参见陈述：《辽史补注》，中华书局2018年版，第3003页。

② 韩知古后人韩瑞的墓志中提到"始祖令公……归契丹，事王姚辇，册大圣皇帝即位"，韩知古或许在遥辇末便隶阿保机麾下。参见《故宣武大将军韩公墓志》，收入长安博物馆：《长安新出墓志》，文物出版社2011年版，第341页。需注意的是，韩知古虽归附较早，但发迹较晚，在《辽史》本纪中，韩知古事迹最早见于太祖三年（909）；而在列传中，韩知古事迹主要见于神册建元以后。因此《韩瑞墓志》所述，可能为溢美之词。参见《辽史》卷1《太祖纪上》，第4页；卷74《韩知古传》，第1359页。

③ 蒋金玲对史籍和墓志中所见辽初汉族士人的出身进行了系统梳理，发现无一例契丹"土著"。参见《辽代汉族士人研究》，第18页。

④ 《辽史》卷64《皇子表》。

⑤ 《耶律羽之墓志》，周阿根：《辽代墓志校注》，天津古籍出版社2022年版，第2页。

⑥ 杨军指出，在遥辇末期，"只有懿祖次子帖剌一系与其三子玄祖一系在竞争对迭剌部的控制权"。参见杨军：《释鲁之死考述》，《内蒙古文物考古》2010年第1期，第78页。

⑦ 杨军：《释鲁之死考述》，《内蒙古文物考古》2010年第1期，第79页。

阿保机为敌。《辽史·耶律曷鲁传》记载：

> 在髫龀，与太祖游，从父释鲁奇之曰："兴我家者，必二儿也。"
> 太祖既长，相与易裘马为好，然曷鲁事太祖弥谨。会滑哥弑其父释鲁，
> 太祖顾曷鲁曰："滑哥弑父，料我必不能容，将反噬我。今彼归罪台哂
> 为解，我姑与之。是贼吾不忘也！"自是曷鲁常佩刀从太祖，以备不
> 虞。①

曷鲁与阿保机自幼交游，青年时代"相与裘马为好"，结为安答。
王国维指出，蒙古结安答实为契丹旧俗，并以《辽史》中圣宗朝、天祚朝
的案例加以说明。②而《辽史》中最早结为安答的，实为阿保机与曷鲁。
从释鲁"兴我家者，必二儿也"的评价来看，两人的结义可能存在政治动
机，这在曷鲁之父偶思的态度中也有呈现。《辽史·耶律曷鲁传》记载：

> 曷鲁父偶思病，召曷鲁曰："阿保机神略天授，汝率诸弟赤心事
> 之。"已而太祖来问疾，偶思执其手曰："尔命世奇才。吾儿曷鲁者，
> 他日可委以事，吾已谕之矣。"既而以诸子属之。③

偶思病中托孤是一次明确的政治表态，表明偶思一家归附阿保机。
曷鲁由此成为阿保机最为核心的亲信，阿保机也借此构建起最初的权力网
络。而在迭剌部内位尊权重的偶思，之所以选择举家投附青年阿保机，背
后无疑有释鲁之作用。

阿保机童年交往密切的伙伴不止曷鲁一人。《辽史·太祖纪》记
载，太祖八年（914）阿保机在平诸弟之乱后对左右言道："解里自幼与
朕常同寝食，眷遇之厚，冠于宗属，亦与其父背大恩而从不轨，兹可恕
乎！"④解里即辖底之子迭里特，此人童年与阿保机"常同寝食"，可见
曾朝夕相处，亲近程度或许不亚于曷鲁。对于阿保机与迭里特的亲密关
系，同样不能仅从二人自身的视角来看待。迭里特之父为辖底，而辖底为

① 《辽史》卷73《耶律曷鲁传》，第1345页。
② 参见王国维：《蒙古札记·安答》，收入氏著：《观堂集林》，河北教育出版社2001年版，第
404页。
③ 《辽史》卷73《耶律曷鲁传》，第1346页。
④ 《辽史》卷1《太祖纪上》，第9—10页。

释鲁之盟友，其出任迭剌部夷离堇，得到了释鲁的支持。①辖底将长子置于阿保机身边，或许是对释鲁的刻意接近，以强化自己与释鲁的同盟关系。

阿保机自幼与出自帖剌系的曷鲁、迭里特过从甚密。由此来看，帖剌系与玄祖系虽一度对立，但帖剌系成员在政治上却并非步调一致。辖底、偶思安排长子接近阿保机，显然不是因后者"骨相异常""神略天授"，②而应是为向释鲁靠拢。而释鲁对曷鲁与阿保机交游的积极评价，则反映出他对偶思的盟友身份的认可。

"释鲁—辖底、偶思"的同盟关系为阿保机继承，曷鲁与迭里特皆成为阿保机早年之核心亲信，阿保机也凭借释鲁早年构筑的权力网络，得到了部分迭剌部权贵的支持，初步建立起了自己的亲信集团。

与出自帖剌系的曷鲁、迭里特不同，耶律斜涅赤、耶律老古叔侄出自"六院部舍利裹古直之族"③。懿祖（阿保机曾祖）有四子：叔剌、帖剌、匀德实（玄祖）、裹古直。④叔剌早卒无后，裹古直"年几冠，堕马卒"⑤，应子嗣较少。从现有记载来看，裹古直后人从未出任过迭剌部夷离堇，因此较之帖剌、玄祖两系，相对势弱。裹古直家族与述律后家族有姻亲关系，耶律老古之母为述律后之姐。⑥婚姻纽带无疑拉近了裹古直系成员与阿保机的关系，出于此系的斜涅赤、老古叔侄较早加入阿保机集团。斜涅赤略年长于阿保机，遥辇末期便"隶太祖幕下"⑦，阿保机夺取

---

① 参见蔡美彪：《契丹的部落组织和国家的产生》，收入氏著：《辽金元史考索》，第48页；杨军：《释鲁之死考述》，《内蒙古文物考古》2010年第1期，第78—79页；耿涛：《迭剌部权力斗争与耶律阿保机建国》，《中国边疆史地研究》2017年第4期，第80页。

② 分别见《辽史》卷71《简献皇后传》，第1319页；卷73《耶律曷鲁传》，第1346页。与汉族正史对帝王的神化书写一样，《辽史》也描述了阿保机出生以及童年的种种异象，以体现君权神授的一面。

③ 《辽史》卷73《耶律斜涅赤传》，第1350页。

④ 参见《辽史》卷64《皇子表》，第1064—1065页。

⑤ 《辽史》卷64《皇子表》，第1065页。

⑥ 参见《辽史》卷73《耶律老古传》，第1351页。

⑦ 《辽史》卷73《耶律斜涅赤传》，第1350页。

汗位后，以斜涅赤为腹心部统领之一。①斜涅赤之侄老古自幼追随太祖，屡有战功。特别是太祖七年（913）阿保机单骑受降时，老古是两位贴身侍卫之一：

> （正月）甲寅，王师次赤水城，弟剌葛等乞降。上素服，乘赭白马，以将军耶律乐姑、辖剌仅阿钵为御，解兵器、肃侍卫以受之。②

"乐姑"即"老古"之异译，阿保机受降时仅率老古等两人；诸弟之乱后，老古"以功授右皮室详稳，典宿卫"③。斜涅赤、老古叔侄皆曾出任腹心部统领，足见二人为阿保机核心亲信。

耶律苏为太祖佐命功臣中唯一的玄祖系成员。相较于曷鲁、斜涅赤等，耶律苏与阿保机血缘更近，但政治上显得却较为疏远。耶律苏未任职于腹心部，也无充任近侍的记载，其事迹见于《辽史·皇子表》：

> 言无隐情，太祖尤爱之。沧州节度使刘守文求救，太祖命往救，解沧州围。剌葛诈降，苏往来其间。既平，苏力为多。④

驰援沧州发生于太祖三年（909），耶律苏于此前无事迹见载，在阿保机夺取汗位的历程中应无太大贡献。耶律苏能够跻身太祖佐命功臣之列，关键在于参与平定诸弟之乱。但从"言无隐情""剌葛诈降，苏往来其间"等描述看，苏与叛党似非截然对立，只不过是在叛乱之后及时反正，站在了阿保机一方。耶律苏在太祖亲信集团中的地位，折射出玄祖系成员在阿保机权力网络中的尴尬处境——作为血缘关系最近的一方，反而政治上最为疏远。但需注意的是，诸弟之乱爆发于太祖五年至七年（911—913），即阿保机建国之后，双方争夺的焦点是汗位。遥辇时期，阿保机与诸弟间并不存在这一利益冲突，反而因皆属玄祖家族，属于一荣俱荣的利益共同体。由于诸弟参与谋叛，功业在史籍中有所删减，因此我们不清楚诸弟在阿保机建国中的作用，但《耶律智先墓志》（大安十年，

---

① 《辽史》卷73《耶律斜涅赤传》，第1350页。
② 《辽史》卷1《太祖纪上》，第6页。
③ 《辽史》卷73《耶律老古传》，第1351页。
④ 《辽史》卷64《皇子表》，第1073–1074页。

1094）提到，阿保机叔父释鲁在掌握遥辇氏部落联盟大权时"诲宗属与其子弟善当翊护"①。释鲁作为玄祖之子，所言之宗属当至少包含玄祖子孙。阿保机即汗位次年"始置惕隐，典族属，以皇弟撒剌为之"②，以胞弟剌葛管理宗室事务。由此来看，诸弟在阿保机创业初期即便难称亲信，至少也并非敌对势力。

3.阿保机亲信集团中的外戚成员

阿保机亲信集团中的另一支重要力量为外戚。述律后之兄敌鲁、弟阿古只皆为太祖佐命功臣，在"太祖功臣传"中的排位仅次于耶律曷鲁，分别被喻为"手"和"耳"，可见在亲信集团中地位突出。外戚以述律后为纽带构成一个群体，而述律后本人是阿保机建国历程中的重要辅弼。如在太祖七年（913）三月"剌葛遣其党寅底石引兵径趋行宫，焚其辎重、庐帐，纵兵大杀"③。阿保机当时正统兵追击剌葛，后方空虚，在寅底石的突袭下损失惨重。④在危急关头，述律后"急遣蜀古鲁救之"，"得天子旗鼓"。⑤旗鼓在契丹社会有重要意义，是最高权力的象征，⑥因而也是诸弟与阿保机关注的焦点。此前剌葛在乙室堇淀聚集人马时，便"具天子旗鼓，将自立"⑦。述律后夺回天子旗鼓，对阿保机无疑有重要意义。《辽史·阿古只传》也记载，"剌葛之乱也，淳钦皇后军黑山，阻险自固"⑧。述律后的坚守，给经略奚地的阿保机争取了时间，为回师平叛创

---

① 参见周阿根：《辽代墓志校注》，天津古籍出版社2022年版，第456页。

② 《辽史》卷1《太祖纪上》，第3页。

③ 《辽史》卷1《太祖纪上》，第7页。

④ 当时斡鲁朵制度尚未建立，所谓"行宫"，应指阿保机衙帐。

⑤ 《辽史》卷1《太祖纪上》，第7页。

⑥ 关于契丹旗鼓的性质及象征意义，参见姜艳芳：《谈契丹之旗鼓》，《北方文物》1998年第1期，第72—74页、第81页；关树东：《契丹与旗鼓补论》，载《首届辽上京契丹·辽文化学术研讨会论文集》，内蒙古文化出版社2009年版，第237页；陈晓伟、石艳军：《〈契丹国志〉一则史料刍议——兼论契丹之旗鼓》，《东北史地》2010年第2期，第61—63页；陈述：《契丹史论证稿》，第71页。

⑦ 《辽史》卷1《太祖纪上》，第7页。

⑧ 《辽史》卷73《阿古只传》，第1349页。

造了条件。但相较于直接参与平叛这类表层贡献，述律后的纽带作用，对阿保机权力网络的构建有着更为深远的影响。

述律后的纽带作用，首先体现在连接两大外戚家族上。辽代后族主要由两个父系血缘不同的家族构成，体现出独特的二元性。辽朝后族的二元性，是由述律后特殊的身世背景造成的。据契丹小字墓志记载，述律后之母名为 ꡤ（撒葛只/某），[1]为德祖（阿保机之父）胞妹，曾先后两嫁，所生二子敌鲁、阿古只为异父兄弟，前者出自述律后母前夫之族，后者出自述律后父族。这两个家族皆在阿保机创业建国历程中发挥了重要作用。

先来看述律后母前夫之族。《辽史·萧敌鲁传》记载，敌鲁"五世祖曰胡母里，遥辇氏时尝使唐，唐留之幽州。一夕，折关遁归国，由是世为决狱官"[2]。决狱官在《辽史》中仅见于此，不知具体所指。《契丹国志·外戚传》记载，萧敌鲁为"蕃部人，世为酋长"[3]。"酋长"在汉文语境下并非一个清晰的概念，也不知其具体所指。从传世文献中仅能看出，萧敌鲁祖先曾使唐，该家族拥有世选决狱官的资格。契丹文墓志也能为我们提供一些信息，在契丹小字《萧敌鲁副使墓志铭》中，[4]志主十祖祖胡母里被记载为 ꡤ（第十/代之/先/祖/近侍/胡母里），ꡤ 含义为近侍、侍从。[5]胡母里可能是以遥辇可汗近侍的身份使唐，后得任决狱官。志主九世祖被记载为 ꡤ，亦为近

---

① 《耶律永宁郎君墓志》《萧太山将军永宁郡主墓志》，参见清格尔泰等：《契丹小字再研究》（第二卷），第1225、1316页。

② 《辽史》卷73《萧敌鲁传》，第1349页。

③ 《契丹国志》卷15《述律鲁速传》，第177页。述律鲁速即萧敌鲁，参见爱新觉罗·乌拉熙春：《敌辇岩木古与室鲁子嗣新考》，《北方文物》2010年第3期，第67页。

④ 此萧敌鲁非述律氏之兄，为辽后期人物，但与述律后之兄萧敌鲁有血缘关系。参见康鹏：《契丹小字〈萧敌鲁副使墓志铭〉考释》，《辽金历史与考古》（第四辑），第262—292页。

⑤ 参见康鹏：《契丹小字〈萧敌鲁副使墓志铭〉考释》，《辽金历史与考古》（第四辑），第263—264页。

侍。①由此来看，胡母里家族可能有世选可汗近侍之资格。从后来萧敌鲁之父能娶玄祖之女来看，这一家族在部落联盟内应有较高的地位。

述律后之母嫁给拔里谐里郎君后生敌鲁、实鲁二子，此后出于某未知的原因，改嫁婆姑梅里，生述律后、阿古只等五子。②《辽史·后妃传》记载，述律后、阿古只"其先回鹘人糯思，生魏宁舍利，魏宁生慎思梅里，慎思生婆姑梅里，婆姑娶匀德恝王女，生后与契丹右大部"③。糯思家族出自回鹘，但至述律后一代，已基本契丹化。④婆姑"仕遥辇氏为阿扎割只"。"阿扎割只"在《国语解》中作"阿札割只"，解释为"官名。位在枢密使下，盖墩官也"⑤。这一解释语焉不详，但此官在辽代既"位在枢密使下"，在遥辇时期应当也不会太低，这恐怕这也是婆姑能娶玄祖之女的原因之一。月椀家族与玄祖家族的联姻，可能早于"婆姑—德祖"一代。契丹小字《宋魏国妃墓志》记载：

Khitan script				Khitan script			
地皇后	？	兄弟姐妹		小	翁	撒本	是
				初	领	北府	
匀德实		后之房		生女	众		⑥ …人

引文出自墓志的铭文部分，主要叙述志主祖先阿古只事迹。已有学者

---

① 参见康鹏：《契丹小字〈萧敌鲁副使墓志铭〉考释》，《辽金历史与考古》（第四辑），第265页。

② 述律后同父兄弟姐妹数量，见康鹏：《契丹小字"地皇后"考》，《西北师大学报》2016年第5期，第108页。

③ 《辽史》卷71《后妃传·淳钦皇后》，第1319页。

④ 《辽史》卷64《皇子表》记载，"回鹘使至，无能通其语者，太后谓太祖曰：'迭剌聪敏可使。'遣迓之"（第1070页）。可见述律后本人已不会回鹘语。

⑤ 《辽史》卷116《国语解》，第1696页。

⑥ 《宋魏国妃墓志铭》，参见清格尔泰等：《契丹小字再研究》（第二卷），第1309–1310页。

指出，ᚠ音"匀德实"，ᚢ音"么"，可代指女性。①ᚧ此处作领格附加成分；ᚦ指"房"或"族系"。墓志铭文部分文学性较强，难以直译，但其中透露出一个传世文献中缺失的信息，即玄祖（匀德实）之母或妻，与述律后、阿古只可能出自同一家族，②阿保机家族与述律后父族的联姻，可能早至"慎思—玄祖"或"魏宁—懿祖"一代。

撒葛只的改嫁虽未必有政治目的，但从结果来看，她的两次婚姻为阿保机提供了两大外戚家族的强援。来自拔里谐里家族的敌鲁、实鲁，与来自婆姑梅里家族的阿古只皆成为阿保机之心腹。述律后在阿保机的权力网络构建中的作用不仅限于此，述律后家族至少与三个宗室家族存在通婚关系。其一为裹古直家族，前文已述。其二为帖剌系偶思家族。耶律曷鲁之弟耶律羽之，是天赞、天显年间的重臣，其墓志记载"夫人重衮，故实六宰相之女也，升天皇帝之甥"③。"实六宰相"即述律后之兄萧室鲁。重衮作为萧室鲁之女，为述律后之外甥，故在墓志中被记作阿保机之甥。耶律羽之后来得到述律后重用，当与此有关。这一姻亲纽带，无疑进一步拉进了阿保机与曷鲁家族之间的关系。其三为玄祖系的迭剌。契丹小字《耶律永宁郎君墓志》透露，阿保机三弟迭剌之妻为述律后之姐：

	第七	代之	先祖	云独昆	迭剌	宰相	太	祖	天	金
（上残）	迪里姑	娘子	月椀	阿主	撒葛只	二人之	女	地	皇后之	同胞 ④

康鹏指出"此行追述墓主七世祖云独昆·迭剌之妻迪里姑的情况，志文表明迪里姑为月椀和撒葛只两人的女儿"⑤。可见述律后有一姐嫁给

① 参见康鹏：《契丹小字"地皇后"考》，《西北大学报》2016年第5期，第107页。
② 乌拉熙春可能最早发现了这一信息，但在著作中只是给出了结论，没有给出论证过程。参见爱新觉罗·乌拉熙春：《从契丹文墓志看辽史》，松香堂书店2006年版，第19页。
③ 《耶律羽之墓志》，周阿根：《辽代墓志校注》，第3页。
④ 《耶律永宁郎君墓志》，参见清格尔泰等：《契丹小字再研究》（第二卷），第1225页。
⑤ 康鹏：《契丹小字"地皇后"考》，《西北师大学报》2016年第5期，第108页。

了阿保机之弟迭剌。述律后另一姐嫁入裹古直家族，述律后本人嫁给阿保机，由此看来，述律后家族可能有意识地与迭剌部贵族维系着姻亲关系。姻亲纽带多少拉近了阿保机与迭剌的关系，《辽史·皇子表》记载：

> 回鹘使至，无能通其语者，太后谓太祖曰："迭剌聪敏可使。"遣迓之。相从二旬，能习其言与书，因制契丹小字，数少而该贯。①

述律后向阿保机推荐迭剌，应与姻亲关系有关。神册三年（918）迭剌意图谋反，《辽史·太祖纪》记载：

> 夏四月乙巳，皇弟迭烈哥（迭剌）谋叛，事觉，知有罪当诛，预为营圹，而诸戚请免。上素恶其弟寅底石妻涅里衮，乃曰："涅里衮能代其死，则从。"涅里衮自缢圹中，并以奴女古、叛人曷鲁只生瘗其中。遂赦迭烈哥。②

迭剌谋叛事发后，寅底石之妻代其而死。寅底石之妻如何得罪阿保机，我们无从知晓，但迭剌之妻的身份，当是迭剌被放过的原因之一。

总之，通过与述律后的婚姻，阿保机不仅收获了两外戚家族的支持，更借助述律后家族的婚姻网络，巩固了与迭剌部帖剌、裹古直、德祖三系的贵族成员的关系，从而构建起庞大的家族与权力网络。

三、阿保机权力亲信集团的演变

上节对辽开国功臣集团的派系构成进行了静态梳理，重点分析了阿保机亲信集团的构成，凸显出了其二元性的结构特征。阿保机亲信集团的二元性，又在很大程度上塑造了辽朝统治集团的二元性。对于这一塑造过程，我们需从动态视角加以追溯。

1. 阿保机夺取汗位过程中与迭剌部的合作

诸弟乱党中，实际不乏阿保机的早年追随者。由于阿保机继承的是伯父释鲁的政治路线，因此我们可将"释鲁—阿保机"作为一个前后相续的政治集团，从较长的时段来看待这一问题。早在遥辇末期，释鲁就与辖

---

① 《辽史》卷64《皇子表》，第1070页。

② 《辽史》卷1《太祖纪上》，第12—13页。

底结为政治同盟，二人"同知国政"①。由于辖底得位不正，其对迭剌部的统治有赖于释鲁之支持；释鲁与辖底的政治同盟，实际以前者为核心。这种模式延续至下一代，迭里特自幼与阿保机一起长大，成为阿保机之潜邸旧臣。阿保机夺取汗位后，任命迭里特为新政权的首任迭剌部夷离堇，辖底受封于越。控制迭剌部是掌控契丹部落联盟的关键。阿保机有胞弟四人，却命迭里特出掌迭剌部，可见对族弟的信任远胜胞弟。阿保机即汗位之初，辖底、迭里特父子仍属亲信。

另一重要的叛变亲信为萧室鲁。室鲁为述律后之兄，于《辽史》无传。《契丹国志·萧延思传》记载，传主"少习武艺，有材力……自太祖时从平诸番，常率骑数十深入敌阵，屡有战功"②。萧延思即萧室鲁。③此人常随阿保机出征，颇有战功；曾任北宰相以及腹心部统领，④且娶阿保机之妹余庐睹姑为妻，可见受信任程度不亚于敌鲁、阿古只。

诸弟在阿保机建国之初也并非敌对势力。太祖二年（908）阿保机"始置惕隐，典族属，以皇弟撒剌（即剌葛）为之"⑤。此前一年，阿保机"诏皇族承遥辇氏九帐为第十帐"⑥，将本家族抬升至皇族地位，惕隐即主管皇族事务之官⑦。阿保机任命剌葛为惕隐，并在同年五月派其征讨乌丸、黑车子室韦，⑧可见当时对剌葛较为信任。

上述叛党成员在阿保机即汗位之初尚属亲信，这一现象不难理解。遥辇末期，阿保机觊觎的是汗位，对手是遥辇汗族，而非迭剌部贵族。《辽

---

① 《辽史》卷112《耶律辖底传》，中华书局2016年版，第1648页。

② 《契丹国志》卷15《萧延思传》，第177页。

③ 参见爱新觉罗·乌拉熙春：《敌辇岩木古与室鲁子嗣新考》，《北方文物》2010年第3期，第67页。

④ 有学者认为，北宰相就是北府宰相。《辽史·太祖纪》中"北宰相"与"北府宰相"两词的确经常混用。但萧敌鲁在太祖四年（910）被任命为北府宰相时，《太祖纪》记载"后族为相自此始"（第4页）。若以此记载为真，那么室鲁所任之"北宰相"便不是"北府宰相"。总之，室鲁担任过北府宰相的依据不足，本书暂将"北宰相"与"北府宰相"视为两个官职。

⑤ 《辽史》卷1《太祖纪上》，第3页。

⑥ 《辽史》卷1《太祖纪上》，第3页。

⑦ 参见《辽史》卷116《国语解》"惕隐"条，第1691页。

⑧ 《辽史》卷1《太祖纪上》，第3页。

史·耶律海里传》记载：

> （耶律海里）遥辇昭古可汗之裔。太祖传位，海里与有力焉。初受命，属籍比局萌觊觎，而遥辇故族尤觖望。海里多先帝知人之明，而素服太祖威德，独归心焉。以故太祖托为耳目，数从征讨。既清内乱，始置遥辇敞稳，命海里领之。①

阿保机即位之初，遥辇旧族怨望尤深。耶律海里"独心归焉"，说明遥辇故族多数并不支持阿保机。阿保机将海里"托为耳目"，应是以其为眼线，监视遥辇旧族。

迭剌部虽在诸弟之乱中成为反叛势力的大本营，但在阿保机夺取汗位的过程中，迭剌部不仅不是敌对势力，反而是阿保机所倚重的关键力量。阿保机创业建国的政治路线如下：

可汗侍从——挞马狨沙里——迭剌部夷离堇、专征讨（901）——大迭烈府夷离堇（901）——于越、总知军国事（903）——可汗（907）——皇帝（916）②

担任迭剌部夷离堇是其中极为关键的一步。出任此职之前，阿保机的战功为降小黄室韦，克"越兀及乌古、六奚、比沙狨诸部"③，属于对北族部落的征讨。天复元年（901）出任迭剌部夷离堇，并受命"专征讨"后，阿保机才开始了对燕云地区的大规模攻伐。南下略地使阿保机的实力迅速膨胀，仅在天复二年（902）对河东代北的进攻中，阿保机便"攻下九郡，获生口九万五千，驼、马、牛、羊不可胜纪"④，并筑城龙化州，建立根据地；⑤天复三年（903）又以德祖（阿保机之父，前迭剌部夷离

① 《辽史》卷73《耶律海里传》，第1353页。
② 参见《辽史》卷1《太祖纪上》，第1–3页。
③ 《辽史》卷1《太祖纪上》，第1页。
④ 《辽史》卷1《太祖纪上》，第2页。
⑤ 龙化州是阿保机建立的第一个私城，阿保机所俘获汉民多居于此，以开发农业。见《新五代史》卷72《四夷附录第一》，第1002–1003页。另外，龙化州是阿保机祖先奇首可汗之"龙庭"，也是阿保机神册建元之地，有重要的政治意义。可参见本书第一章。在阿保机早年创业过程中，俘获农民并发展农业可能有重要意义。参见陶莎：《犁向西北：辽朝上京道农业发展轨迹》，《云南民族大学学报》2019年第4期，第113–115页。

董）俘获的七千户奚人为基础，组建奚迭剌部。①阿保机家族此前从未染指汗位，并无世选可汗之资格。阿保机即位的合法性，表面上来自真实性可疑的痕德堇可汗"遗命"②，实质上却来源于不断的军事胜利，以及在军事胜利基础上掠夺而来的资源。③正是凭借在迭剌部夷离堇任上所获取的土地、人口、财产，阿保机才真正拥有了夺取汗位的经济基础和政治资源。《辽史·兵卫志》中有"太祖以迭剌部受禅"④的评论。此言虽是金元史官之总结，但准确反映了迭剌部在阿保机夺取汗位中的重要意义。

在夺取汗位的历程上，阿保机与迭剌部为互惠的利益共同体。迭剌部不属遥辇可汗管辖，并非可汗利益集团的成员。对迭剌部部众而言，出身本部者夺取汗位，恐怕更符合自身利益。通过对契丹开国功臣集团的梳理便可发现，阿保机不仅得到了关系密切的偶思、胡母里家族的鼎力支持，甚至连长期存在利益冲突的蒲古只家族，也有部分成员追随其左右。阿保机任迭剌部夷离堇后，对部中贵族也多有笼络。阿保机最初介入迭剌部事务，是受痕德堇可汗之命，调查释鲁遇害一案。但阿保机仅处理了萧台晒一人，而放过了蒲古只、滑哥。⑤阿保机明白，蒲古只不过是替罪羊。他对曷鲁言道："滑哥弑父。料我必不能容，将反噬我。今彼归罪台晒为解，我姑与之。是贼吾不忘也！"涉案三人中，蒲古只、滑哥皆为拥有世选夷离堇资格的迭剌部权贵，而萧台晒并非涅里子孙，显然没有担任迭剌

---

① 从名称看，这可能是一个附属于迭剌部的奚人部落，族属已转化为契丹。一个例证在于，辽代奚人皆为萧姓，但奚迭剌部中却有姓耶律者。见《辽史》卷94《耶律斡腊传》，第1520页。

② 《辽史》卷1《太祖纪上》，第3页。

③ 军事胜利是阿保机维系政权及自身统治的重要凭借。《资治通鉴》记载，贞明三年（917）阿保机欲攻幽州，述律后劝谏道："万一不胜，为中国笑，吾部落亦解体矣。"阿保机因此而止。参见《资治通鉴》卷269，后梁末帝贞明三年二月，第8934页。阿保机此时虽建元称帝，但政权依旧不稳，持续的军事胜利依旧是其统治地位的保障。

④ 《辽史》卷35《兵卫志中》，第458页。

⑤ 一般认为，蒲古只或滑哥是杀害释鲁的主谋。参见杨军：《释鲁之死考述》，《内蒙古文物考古》2010年第1期，第79页；耿涛：《迭剌部权力斗争与耶律阿保机建国》，《中国边疆史地研究》2017年第4期，第80—81页。

部夷离堇的资格。①阿保机仅处理了地位较低的萧台哂，而放过了两位地位较高的主谋，除了忌惮二人的强大根基外，当亦有笼络人心之意图。阿保机此举或许不符合痕德堇可汗的期望，但在觊觎汗位的情况下，②贯彻可汗意图可能并不符合阿保机的现实利益，"杀叔仇敌"反而是真正需要笼络、安抚的对象。

2. 诸弟之乱与阿保机亲信集团的首次分裂

夺取汗位后，阿保机与迭剌部贵族的利益发生了分歧，这首先与契丹部落夷离堇的选任制度有关。契丹部落夷离堇存在任期限制，三年一届，到期后便由部落贵族从拥有世选权的家族中推选继任者。③阿保机907年取得汗位时，距成为迭剌部夷离堇已过去六年，早已超出三年之期，阿保机对此已有所焦虑。贾纬《备史》记载：

> 武皇（李克用）会保机故云州城，结以兄弟之好。时列兵相去五
> 里，使人马上持杯往来，以展酬酢之礼。保机喜，谓武皇曰："我蕃中
> 酋长，旧法三年则罢，若他日见公，复相礼否？"武皇曰："我受朝命
> 镇太原，亦有迁移之制，但不受代则可，何忧罢乎！"保机由此用其
> 教，不受诸族之代。④

阿保机与李克用的云中会盟大概发生在天祐二年（905），⑤距阿保

---

① 耶律倍之妻出自萧台哂家族，可见台哂不是涅里子孙。参见《辽史》卷90《萧塔剌葛传》，第1496页。

② 阿保机何时开始有夺取汗位之心？在《辽史》中难以找到明确答案。但种种迹象表明，释鲁担任于越期间，就可能开始有取代遥辇可汗的意图。元代史官《辽史·太祖纪》结尾的论赞部分，列举了阿保机诸代祖先的功绩，其中对释鲁有"已有广土众民之志"的评价，与此前诸祖迥然不同。结合释鲁"当国""同知国政"等事迹可发现，阿保机家族对汗位的觊觎，很可能始于释鲁。参见《辽史》卷2《太祖纪下》，第26页。

③ 《汉高祖实录》记载，契丹"八族之长，皆号大人，称刺史，常推一人为王，建旗鼓以尊之。每三年，第其名以相代"。按此记载，则契丹存在推选和任期的是可汗，而不是八部首长。但《辽史》中并无遥辇可汗存在任期和推选制的记载。《辽史·皇子表》中有帖剌"九领迭剌部夷离堇"（第1064页）的记载，说明迭剌部夷离堇应有较短的任期。《汉高祖实录》中关于三年任期的记载，描述的很可能是迭剌部夷离堇，而非遥辇可汗。

④ 《资治通鉴》卷266，"后梁太祖开平元年五月"条引贾纬《备史》，第8797页。

⑤ 参见曹流：《契丹与五代十国政治关系诸问题》，北京大学2011年博士学位论文，第19页。

机当选迭剌部夷离堇已超过三年。阿保机特意就此事询问李克用，可见对任期已有顾虑。更何况阿保机任夷离堇并不符合常态之下的推举惯例，而是在辖底逃亡、夷离堇空缺的情况下，由痕德堇可汗任命而来。

阿保机901年建国，本质上是对遥辇政权的延续。阿保机即汗位后延续了可汗与迭剌部夷离堇两强并立、互不统属的局面，即位次月便以迭栗底为迭剌部夷离堇，[①]在形式上恢复了双核心权力结构。但此举实质上是释鲁、辖底"同知国政"联盟的再现。"释鲁—辖底"的联盟以前者为主、后者为辅，其实已破坏了迭剌部的独立性，因而遭到迭剌部贵族的反抗。迭里底自幼追随阿保机，显然属阿保机一党。阿保机即汗位后的人事安排，表面看恢复了迭剌部的独立性，实质上却带有"以近幸掌枢要"的性质。迭里特出任迭剌部夷离堇，不仅得益于亲信身份，也与其辖底之子的身份有关。但辖底的夷离堇之位本就是"窃取"而来，这就更增加了迭里特出任此职的不合法性。《辽史·耶律辖底传》记载：

> 幼黠而辩，时险倭者多附之。遥辇痕德堇可汗时，异母兄蒲古只为迭剌部夷离堇。故事，为夷离堇者，得行再生礼。蒲古只方就帐易服，辖底遂取红袍、貂蝉冠，乘白马而出。乃令党人大呼曰："夷离堇出矣！"众皆罗拜，因行柴册礼，自立为夷离堇。[②]

"自立"体现了辖底即位的非法性。蒲古只两度出任夷离堇，在迭剌部内根基深厚，辖底虽窃取夷离堇，但无疑会得罪蒲古只一党。阿保机即位后拜辖底为于越，又任命迭里特为迭剌部夷离堇，应也会引起蒲古只一党的不满。此外，诸弟在阿保机夺取汗位的过程中虽无尺寸之功，[③]但身份贵重。他们在新政权中，仅剌葛一人出任惕隐，与辖底、迭里特父子地位相差甚远，这难免会造成诸弟不满。太祖五年（911）的第一次诸弟之乱，或许正因此而爆发。此次叛乱以剌葛受封迭剌部夷离堇而告终，但阿

① 《辽史》卷1《太祖纪上》，第3页。
② 《辽史》卷112《耶律辖底传》，第1648页。
③ 由于缺乏其他史书的记载，我们不知道《辽史》是否刻意隐瞒了诸弟的功绩。诸弟后人的墓志中，也未曾记载先祖在辽初的功绩。但由于墓志写作多少会受到官方监督，属于带有政治色彩的公开文体，或许也存在抹除诸弟贡献的可能。

保机以刺葛取代迭里特之举，无疑又触动了辖底、迭里特父子的利益，留下了亲信集团分裂的隐患，某种程度上导致了第二次诸弟之乱。①

第二次诸弟之乱与第一次有明显差异，叛党首领从诸弟变成了辖底，且得到了迭剌部众多贵族的支持，最终波及了整个契丹社会。辖底、迭里特从亲信到叛臣的角色变化，不仅仅与夷离堇之职被刺葛取代有关。辖底父子虽早年追随释鲁、阿保机叔侄，但与曷鲁、敌鲁、斜涅赤等亲军将领不同，他们与阿保机的关系更接近合作，而非投附。辖底出身帖剌系，曾任迭剌部夷离堇，论辈分为阿保机叔父，是当年与释鲁"同知国政"的盟友。种种身份使辖底在新政权中，实际成了阿保机以外最有力的汗位竞争者。即位之初，阿保机就意识到了来自辖底的威胁，因此进行了假意的辞让。《辽史·耶律辖底传》记载：

> 太祖将即位，让辖底。辖底曰："皇帝圣人，由天所命，臣岂敢当！"太祖命为于越。②

辽朝君主在即位仪式上会按惯例进行辞让，《辽史·礼制》"吉仪·柴册仪"条记载：

> 皇帝诣高阜地，大臣、诸部帅列仪仗，遥望以拜。皇帝遣使敕曰："先帝升遐，有伯叔父兄在，当选贤者。冲人不德，何以为谋？"群臣对曰："臣等以先帝厚恩，陛下明德，咸愿尽心，敢有他图。"③

柴册仪为遥辇可汗与辽朝皇帝的即位仪，多在即位当年举行。从引文看，皇帝在柴册仪上的辞让对象为"伯叔父兄"，对话与阿保机、辖底如出一辙。这种辞让无疑出于某种政治目的。柴册仪上的君臣对话，无疑是用契丹文进行的，史官的汉译和润饰多少削弱了对话中隐含的政治意图。《蒙古秘史》将此过程用本民族文字进行了记载，借助汉语直译，可对北族君主辞让之辞有更直观的了解。铁木真回忆自己被推举为乞颜部首领的场景时，提

---

① 参见耿涛：《迭剌部权力斗争与耶律阿保机建国》，《中国边疆史地研究》2017年第4期，第84页。

② 《辽史》卷112《耶律辖底传》，第1648页。

③ 《辽史》卷49《礼志一》，第930页。

到当时曾进行过一番辞让：

> 忽察儿，因你是捏坤太师的儿子，我们叫你做可汗！但你不肯。阿拉坛，因为你父忽秃剌汗曾治理过国家，你父亲是怎样治理，叫你做可汗，你也不肯。又我因为在上还有巴儿坛·把秃儿的子嗣，就对撒察、泰出两个人说："你们做可汗吧！"他们也不肯。我一再地说："你们做可汗吧！"都不肯答应。你们叫我可汗，我这才做了。[1]

引文中被辞让的对象皆系有资格出任部落首领的贵族子弟，铁木真逐一向他们确认，反复强调对方已主动辞让首领之位。显然，这番谦让的真正用意是取消竞争对手即位的合法性。我们也能看到，虽然经过了史官的汉译和润饰，但柴册仪上的君臣对话与铁木真的辞让内容基本一致。阿保机与辖底对话的原貌，应与《蒙古秘史》引文中所呈现的大致相同。由于北族王朝在皇位继承上往往存留"兄终弟及"传统，因此新君之"伯叔父兄"多少具备皇位继承权，这在辽朝尤为明显。新君通过向"伯叔父兄"辞让，迫使他们在仪式上公开表达对自己的拥戴，一定程度上可增加新君即位的合法性。[2]

阿保机在接受辖底辞让后封其为于越，似乎赋予了后者极大的权威。但从辖底开始，契丹"于越"职任出现了巨大变化。《辽史·百官志》"大于越府"条记载：

> 大于越府。无职掌，班百僚之上，非有大功德者不授。辽国尊官，犹南面之有三公。[3]

这段对于越的描述，不符合遥辇时期的情形。释鲁、阿保机所任之于越，权势颇大。《辽史·太祖纪》记载，痕德堇可汗天复二年（902）"拜太祖于越，总知军国事"[4]。表面看，"总知军国事"似乎是一独立

---

[1] 札奇斯钦：《〈蒙古秘史〉新译并注释》，联经出版事业公司1979年版，第236–237页。笔者对标点及个别字有改动。

[2] 相关研究，可参见宋继刚：《试论〈蒙古秘史〉中的臣服仪式与君臣关系的确立》，《北京师范大学学报》2019年第5期，第109–110页。

[3] 《辽史》卷45《百官志一》，第782页。

[4] 《辽史》卷1《太祖纪上》，第2页。

于 "于越" 的使职，任于越者未必总知军国事。但我们来看《辽史》有关于越释鲁的记载：

> 时伯父当国。（卷1《太祖纪上》）

> 与于越耶律释鲁同知国政。（卷112《耶律辖底传》）

> 德祖之弟述澜，北征于厥、室韦，南略易、定、奚、霫，始兴板筑，置城邑，教民种桑麻，习织组，已有广土众民之志。（卷2《太祖纪下》）

从这些零散的描述来看，于越释鲁也曾 "总军国事"。在遥辇时期，受封于越者可能历来总军国事。前引《太祖纪》中 "拜太祖于越，总知军国事" 的记载，在《耶律曷鲁传》中被写作 "太祖为于越，秉国政"[1]。两相对比，似应将 "总军国事" 视为对 "于越" 职权的描述，而不应视为一种独立使职。契丹于越职任的转变，可能正始自辖底。阿保机即位后虽封辖底为于越，但 "命曷鲁总军国事"[2]，将 "总军国事" 的职能从 "于越" 中剥离出去，于越从此沦为 "无所职" 的 "贵官"。[3]

阿保机先是通过假意让位，断送辖底即位的可能；又在授予其 "于越" 时剥离实权。辖底或许正是因此而与阿保机决裂。除了来自阿保机的推力，汗位也对辖底产生了巨大的吸引力。《辽史·耶律辖底传》记载：

> 太祖问曰："朕初即位，尝以国让，叔父辞之；今反欲立吾弟，何也？" 辖底对曰："始臣不知天子之贵，及陛下即位，卫从甚严，与凡庶不同，臣尝奏事心动，始有窥觎之意。度陛下英武，必不可取；诸弟懦弱，得则易图也。事若成，岂容诸弟乎！" 太祖谓诸弟曰："汝辈乃从斯人之言耶！" 迭剌曰："谋大事者，须用如此人；事成，亦必去之。"[4]

---

① 《辽史》卷73《耶律曷鲁传》，第1346页。

② 《辽史》卷73《耶律曷鲁传》，第1347页。

③ 《辽史》卷116《国语解》对 "于越" 解释为 "贵官，无所职。其位居北、南大王上，非有大功德者不授"（第1691页）。从 "北、南大王" 可判断，这是对天赞元年（922）以后情形的描述，不能体现遥辇时期于越的特征。

④ 《辽史》卷112《耶律辖底传》，第1648–1649页。

　　作为涅里的后人，辖底原本无缘汗位，迭剌部夷离堇已是其晋升的极限。但阿保机夺取遥辇氏之汗位，这让辖底看到了突破极限的可能。种种因素下，辖底父子走上叛乱之路，阿保机亲信集团出现了第一次分裂。

　　上段引文也表明，诸弟对汗位同样有所企图，[①]因此诸弟与辖底形成了暂时的政治同盟，共同构成了叛党之领导层。由于在第二次诸弟之乱中，诸多宗室成员涉入其中，因此阿保机在平叛过程中对宗室颇多提防。我们注意到，阿保机亲信集团中的宗室成员，在平叛过程中并未发挥重要作用。

　　先来看最为核心的亲信曷鲁。按《辽史·耶律曷鲁传》，诸弟之乱爆发后"太祖命曷鲁总领军事，讨平之"，[②]虽称曷鲁在平叛中"总领军事"，但无具体事迹，与《萧敌鲁传》《阿古只传》所载有明显差异。[③]而从《辽史·太祖纪》来看，阿保机在平叛作战中始终亲自指挥、总揽全局，并未委派曷鲁总领军事。这或许意味着，曷鲁在平叛过程中未发挥具体作用，所谓"总领军事"，实际是"总领军国事"职任的自然延伸，[④]并不能说明曷鲁在平叛中发挥了关键作用。

　　曷鲁之弟觌烈和羽之亦为太祖亲信。觌烈早在阿保机为于越时便已追随左右，在阿保机夺取汗位后，得以"入侍帷幄""与闻政事"，成为阿保机核心亲信。觌烈有军事才能，战功卓著，诸弟之乱爆发时正值而立之年，但其传记中无平叛事迹。[⑤]羽之在"太祖经营之初，多预军谋"，[⑥]

---

① 剌葛在此次叛乱前已经担任迭剌部夷离堇，继续发动叛乱，只能是为夺取汗位。

② 《辽史》卷73《耶律曷鲁传》，第1347页。

③ 虽然同为功臣传，但曷鲁与敌鲁、阿古只兄弟的事迹差异较大，曷鲁之功主要在于帮助阿保机夺取汗位，而敌鲁兄弟之功主要是平定诸弟之乱。

④ "总军国事"在阿保机即位后恐怕已沦为虚衔。从曷鲁事迹看，他在阿保机即位初期主要负责腹心部，此后多随阿保机出征。这与阿保机"总知军国事"时的事迹迥然不同。参见《辽史》卷1《太祖纪上》，第2页；卷73《耶律曷鲁传》，第1346–1348页。

⑤ 耶律觌烈逝于天显十年（935），享年五十六岁。见《辽史》卷75《耶律觌烈传》，第1366页。据此可知，太祖七年（913）诸弟之乱爆发时，觌烈三十三岁。

⑥ 《辽史》卷75《耶律羽之传》，第1366页。

但诸弟之乱爆发时，时年二十三岁的耶律羽之也无参与平叛的记录。[①]事实上，在全体宗室人员中，仅有耶律古、耶律老古、耶律苏被明确记载参与了平叛，但三人也并未直接领兵与叛军交战。[②]阿保机亲信集团中，宗室在平叛中所发挥远不及外戚。在叛党首领多系宗室的背景下，这一现象恐非巧合，而是阿保机对宗室缺乏信任的体现。阿保机的这一心态，在《辽史·耶律古传》中有较为直接的呈现：

> 时方西讨，诸弟乱作，闻变，太祖问古与否，曰无。喜曰："吾无患矣！"趣召古议。古陈殄灭之策，后皆如言，以故锡赉甚厚。[③]

当听闻诸弟作乱时，阿保机询问耶律古是否从逆，可见对其颇为忌惮。其实古与兄铎臻自太祖为于越时便担任近侍，[④]并未有反叛迹象。耶律古之所以引起阿保机怀疑，恐怕只是因为出身帖剌系蒲古只家族，拥有世选夷离堇的资格。

3. 储君之争与阿保机亲信集团的二次分裂

太祖八年（914），阿保机结束了对叛党的清算。两年后阿保机建元神册，在理顺统治集团内部顺序的基础上完成二次建国。如果我们将阿保机创业建国经历划分为三个阶段，那么从阿保机"入仕"到907年取得汗位是第一阶段。此阶段中，阿保机的"敌人"为遥辇可汗及其支持者，成功的关键在于901年掌控迭剌部。从907年到916年为第二阶段。此阶段主要敌人为辖底、诸弟等宗室成员。916年神册建元至去世为第三阶段。此阶段中，阿保机视线由内转外，着力剪除辽朝国家的外部威胁，进行了长期的对外征伐。在这一阶段中，阿保机所倚重的亲信又有所变化。此前几乎销声匿迹的皇族

---

① 《耶律羽之墓志》记载，羽之逝于会同四年（941），享年五十二岁。可知诸弟之乱爆发时，羽之二十三岁。

② 参见《辽史》卷73《耶律老古传》，第1351页。

③ 《辽史》卷75《耶律古传》。

④ 耶律铎臻"幼有志节，太祖为于越，常居左右"，耶律古更是在云中会盟时侍于阿保机左右，可见二人皆出身近侍。耶律古在云中会盟时，曾被李克用评价面相，说明耶律古并非一般近侍，很可能是能够"入侍帷幄，与闻政事"的核心侍卫。见《辽史》卷75《耶律铎臻传》《耶律古传》，第1367—1368页。

亲信纷纷重新登场：

表2.6

人　名	平叛事迹	神册后军功
曷鲁	总领军事，讨平之	太祖伐西南诸夷，数为前锋 败周德威
斜涅赤		从太祖西征，抚集诸夷 讨渤海，破扶余城、忽汗城
老古	协助太祖纳降	从太祖南征，伐燕、赵，与后唐军交战于云碧店
颇德		从太宗南征，伐后唐
觌烈		总领南方事 从皇太子伐党项 配合大元帅攻山西 从征渤海，拔扶余城，留守扶余城
羽之		辅佐耶律倍，留守东丹国
铎臻		制定先讨西夏、后伐渤海的作战方案
古	献平叛之策	（早逝）
突吕不		神册六年（921），从伐定州 天赞二年（923），佐大元帅南伐，克平州、曲阳、北平 从太祖西征，任先锋，伐党项有功 从征渤海，攻忽汗城，先登

（资料来源：《辽史》卷73、75）

　　对比上表人物在不同时期的事迹，可看出太祖用人的阶段性特点。拥有世选夷离堇资格的宗室亲信在诸弟之乱中未发挥太大作用，而在神册建元后，纷纷重新得到进用，这与契丹统治集团内部秩序的理顺有关。

　　（1）诸弟之乱的平定与统治集团内部秩序的理顺

　　阿保机907年取得汗位，实际上是在继承遥辇旧制的基础上完成建国。太祖元年（907）正月庚寅，阿保机行柴册仪，即汗位；[1]当月庚子

---

[1]　《辽史》卷1《太祖纪上》的记载为，阿保机"燔柴告天，即皇帝位"（第3页）。但学界一般认为，阿保机此时只是即汗位。本书第一章对此已有论述。

"诏皇族承遥辇氏九帐为第十帐"①。辽代"帐"与"族""房""家"含义相通，②可理解为家族。阿保机称汗的同时，将本家族提升为与遥辇九帐地位相同的汗族，并未取消遥辇九帐的地位，甚至将本家族作为附于其后的"第十帐"。《辽史》中的这条记载已得到石刻资料的验证。刻于咸雍七年（1071）的《耶律珑墓志》提到：

（契丹小字）③

天　　皇帝　　　　九　帐之　　命　第十　帐　成为

（契丹小字）即辽太祖阿保机，（契丹小字）为序数词"九"，（契丹小字）含义为"第十"，（契丹小字）含义为"帐"。④根据已释读的内容判断，此句所记即《辽史·太祖纪》中"诏皇族承遥辇氏九帐为第十帐"之事。

以上记载反映了一个现象——阿保机907年建国，未能与遥辇时代彻底割裂，在制度上恐怕有较多对遥辇国家的继承。阿保机虽取代遥辇为汗，但只是将本家族抬升至与遥辇汗族同等的地位，且位居遥辇九帐之后。《辽史·百官志》将"代遥辇氏，尊九帐于御营之上"⑤作为阿保机帝王气度的体现，虽为美饰之辞，但亦体现了这一特点。此外，阿保机取代遥辇是打着"禅让"旗号进行的，汗位合法性表面上的来源是痕德堇可汗"遗命"⑥，且是在遥辇旧官僚集团的拥戴下即位，这些因素共同决定了阿保机对遥辇旧制的继承。907年阿保机称汗所开启的，实质上是契丹的"后遥辇时代"。阿保机在遥辇旧制的基础上建国，必然要受遥辇旧俗的制约，遥辇旧制中最关键的是汗位继承制度。遥辇可汗的选任是否世选

---

① 《辽史》卷1《太祖纪上》，第3页。
② 参见刘浦江：《辽朝"横帐"考——兼论契丹部族制度》，收入氏著：《松漠之间：辽金契丹女真史研究》，中华书局2008年版，第55-56页；杨军：《"变家为国"：耶律阿保机对契丹部族结构的改造》，《历史研究》2012年第3期，第20页。
③ 《耶律珑敞稳墓志铭》，参见清格尔泰等：《契丹小字再研究》（第二卷），第1309-1533页。
④ 参见吴英喆、孙伟祥：《契丹文皇族"第十帐"及其他》，《中央民族大学学报》2015年第4期，第132页。
⑤ 《辽史》卷45《百官志一》，第799页。
⑥ 《辽史》卷1《太祖纪上》，第3页；卷73《耶律曷鲁传》，第1347页。

传统？受限于史料，我们不得而知，但迭剌部夷离堇无疑存在世选传统。史料可见的迭剌部夷离堇，皆为涅里后人。至遥辇末期，迭剌部夷离堇皆在懿祖（阿保机曾祖）子孙中传承，阿保机出生前后，帖剌（阿保机伯祖父）子孙还曾出任迭剌部夷离堇。阿保机任于越后准备卸任迭剌部夷离堇，首先想到的继承人选是帖剌系偶思之子曷鲁，即汗位后任命的首任迭剌部夷离堇，则是帖剌系辖底之子迭里特。阿保机即汗后，家族由"夷离堇家族"变为"可汗家族"。新政权可汗的选任，很可能因此受到迭剌部夷离堇选任制度的影响。拥有迭剌部夷离堇世选资格的懿祖子孙，也就顺势拥有了汗位世选资格。阿保机在即位时向辖底辞让，以及在诸弟之乱爆发时询问耶律古是否从逆，正体现出帖剌系成员也拥有汗位世选权。

因此，解决汗位继承问题是阿保机即位后的当务之急，但阿保机即位初似未对继承范围作出明确界定。阿保机在即汗位当月"诏皇族承遥辇氏九帐为第十帐"，关键在于"皇族"和"帐"范围。从上文提到的耶律辖底、耶律古主导或被怀疑参与诸弟之乱一事看，太祖元年（907）诏令中的皇族帐应包含帖剌子孙。《辽史·耶律颇德传》记载"旧制，肃祖以下宗室称院，德祖宗室号三父房，称横帐"[1]。耶律颇德为辽太祖、太宗时人，可见辽初横帐范围较大，肃祖（阿保机高祖）子孙皆身在其中。从《辽史·皇子表》看，辽初"旧制"中的"横帐"即迭剌部夷离堇世选范围。[2]在遥辇末期，出身横帐者有资格出任迭剌部夷离堇。横帐成员的夷离堇世选资格，随着阿保机的"变家为国"转化成了可汗世选资格，这在"横帐"的契丹文写法中也有所体现。"横帐"契丹小字写作 𘰛𘱰 𘱤𘱟 𘱊𘱆（可汗之/某/帐）[3]，或直接写作 𘰛𘱰𘱊𘱆（可汗之/帐）[4]，直译为"可汗之帐"。可见阿保机称汗之后，肃祖子孙成为出身"可汗之

---

① 《辽史》卷73《耶律颇德传》，第1351页。

② 《辽史》卷64《皇子表》，第1064—1065页。

③ 《耶律奴墓志铭》，参见清格尔泰等：《契丹小字再研究》（第二卷），第1190页。

④ 《大辽国尚父于越宋王墓志铭》，参见清格尔泰等：《契丹小字再研究》（第二卷），第1029页。

帐"者，拥有了汗位世选资格。阿保机在平定诸弟之乱后审讯辖底时言道："朕初即位，尝以国让，叔父辞之；今反欲立吾弟，何也？"辖底给出的理由为"始臣不知天子之贵，及陛下即位，卫从甚严，与凡庶不同，臣尝奏事心动，始有觊觎之意"①。受遥辇时期的传统观念影响，辖底没有意识到"天子"与迭剌部夷离堇地位上的根本差异，可能仍将二者视为地位相当的两大权力核心。在这种传统观念下，即使阿保机没有将辖底等帖剌系成员归入皇族，他们恐怕也会在潜意识中认为自己拥有竞争汗位的资格。

　　阿保机即汗位时对此应有所警惕，他在即位仪式上向辖底让位，迫使后者公开放弃了对汗位的继承权。在这一过程中，与辖底同出一脉的帖剌系成员，自然也放弃了竞争汗位的资格。阿保机通过这一权宜之计排除了最强有力的竞争对手，但此举并未从制度上缩小汗位的继承范围，更未排除诸弟的即位资格。阿保机在即位后的第二年"置惕隐，典族属，以皇弟撒剌为之"②，将剌葛任命为主管皇族事务的大内惕隐。此举使剌葛成为皇族之代表，恐怕更助长了他对汗位的觊觎之心。太祖六年（912）阿保机任命释鲁之子滑哥继任大内惕隐。③结果滑哥在任上同样图谋不轨，与诸弟、辖底联合造反。可见无论是阿保机的远亲帖剌系还是近亲玄祖系，皆存在着反对阿保机的强大势力。在此情形下就不难理解，为何开国功臣集团中的皇族亲信在平叛过程中没有得到阿保机的信任，反而后族及外部势力成了平叛主力。

　　同时我们也要注意到，阿保机虽然将肃祖子孙皆列入横帐，但可能对横帐成员按血缘亲疏进行过区分。辽朝横帐皇族由二院和三父房构成，《辽史》卷45《百官志一》记载：

　　　　肃祖长子洽昚之族在五院司，叔子葛剌、季子洽礼及懿祖仲子帖剌、季子褭古直之族皆在六院司。此五房者，谓之二院皇族。玄祖伯子

① 《辽史》卷112《耶律辖底传》，第1648页。
② 《辽史》卷1《太祖纪上》，第3页。
③ 参见《辽史》卷1《太祖纪上》，第5页。

麻鲁无后，次子岩木之后曰孟父房；叔子释鲁曰仲父房；季子为德祖，德祖之元子是为太祖天皇帝，谓之横帐；次曰剌葛，曰寅底石，曰安端，曰苏，皆曰季父房。此一帐三房，谓之四帐皇族。①

这段记载中"横帐"的范围小于辽初"旧制"中的范围，仅包含阿保机子孙，②但二院及三父房的范围并无变化。从中可见，三父房由玄祖后裔构成，而二院由除玄祖子孙外的肃祖后裔构成。在太宗朝以前的"旧制"中，"肃祖以下宗室称院，德祖宗室号三父房"，已有二院与三父房的区分，且范围与《百官志》所载一致。这种分类方式既然在辽太宗时期就已经被称为"旧制"，当有更早的渊源，在阿保机时代应已形成。这一划分方式，与遥辇末期契丹人的家族观念有关。契丹人当时的"家"与"族"并非泛泛而论，而是边界清晰的概念。杨军指出"族"在遥辇末期由高祖后裔构成，而"家"由祖父后裔构成。对阿保机而言，肃祖（高祖）萨剌德的子孙构成本"族"，玄祖（祖父）子孙共同构成阿保机本"家"。③可以看出，二院皇族成员恰好就是阿保机的同"族"亲属，而三父房则是阿保机的同"家"亲属。这种区别二院与三父房的方式，带有阿保机个人色彩，应是阿保机本人所创设。阿保机区分二院与三父房，虽未必取消了二院皇族继承汗位的资格，但对皇族成员按与自己血缘亲疏划分为两类，本身就有从制度上区分等级的意义；再加上阿保机在即位仪式上迫使出身二院皇族的辖底公开放弃汗位继承权，以及在平叛之乱的过程中彻底击败以诸弟、滑哥为首的三父房成员，辽初横帐人员已无与阿保机争夺汗位的可能。神册元年（916）阿保机立耶律倍为皇太子，将皇位继承范围缩小至斡鲁朵皇族（阿保机子孙）。辽朝皇族自此按与阿保机的血缘亲疏，形成了三层同心圆结构：

① 《辽史》卷45《百官志一》，中华书局2016年版，第795-796页。
② 杨军已指出，辽代横帐范围前后有变化。参见杨军：《"变家为国"：耶律阿保机对契丹部族结构的改造》，《历史研究》2012年第3期，第24页。辽朝横帐的范围可能随着时间的推移而缩小。
③ 参见杨军：《"变家为国"：耶律阿保机对契丹部族结构的改造》，《历史研究》2012年第3期，第19页。

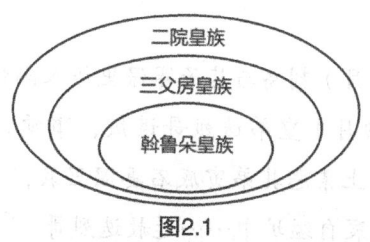

图2.1

随着这一结构的形成以及嫡长子继承制度的初步确立，[1]二院与三父房成员的皇位继承资格被取消。随着诸弟之乱的平定和皇位继承制度的确立，阿保机政权统治集团内部秩序得到了理顺，皇族成员或被镇压，或被剥夺皇位继承资格，阿保机皇族亲信"夺位"的嫌疑也得以消解。因此在神册建元之后的对外战争和人事安排中，皇族亲信再次得到起用。

（2）储君之争与帝、后二族的对立

随着诸弟之乱的平息和统治秩序的理顺，阿保机完成二次建国，于916年建元神册，正式称帝。神册建元后，阿保机的主要精力用于对外战争，以剪除威胁辽国的周边政权。由于阿保机政治视线由内转外，宗室亲信再次得到重用。但此阶段阿保机用人策略存在更大的变化，屡次叛乱的诸弟也纷纷走上政治舞台。可见阿保机神册建元前后用人方面的策略不仅是细微调整，而是一次剧变。神册建元前，阿保机用人策略在不同时期虽存在阶段性特征，但基本不出亲信集团之范围。而神册建元后，阿保机在重用皇族亲信的同时，首次整体性启用诸弟。诸弟不仅并非阿保机亲信集团，甚至多次反叛。这提示我们，阿保机神册建元前后用人上的变化并非正常的调整，而是存在隐藏的政治目的。笔者认为，阿保机此举与皇位继承问题有关；阿保机对诸弟的宽恕与重用，应当有寻求政治平衡的因素在内。我们首先从阿保机神册、天赞年间的对外征伐说起。

神册建元后，阿保机开始了长达十年的对外征讨，宗室成员重新发挥作用，但诸弟并未立即得到重用，反而在神册初继续受到太祖打压。《辽史》

---

[1]　太祖时期，辽朝的嫡长子继承制度只是初步形成，远未真正确立。直至辽中后期，兄终弟及的继承传统仍在发挥重要影响。参见邱靖嘉：《再论辽朝的"天下兵马大元帅"与皇位继承——兼谈辽代皇储名号的特征》，《民族研究》2015年第2期，第87–100页。

记载：

（神册二年六月）剌葛与其子赛保里叛入幽州。①

（神册三年四月）皇弟迭烈哥谋叛，事觉，知有罪当诛，预为营圹，而诸戚请免。上素恶其弟寅底石妻涅里衮，乃曰："涅里衮能代其死，则从。"涅里衮自缢圹中……遂赦迭烈哥。②

神册三年，（迭剌）欲南奔，事觉，亲戚请免于上，又赦免之。③

结合《皇子表》的记载，《太祖纪》"皇弟迭烈哥谋叛"之"叛"，应作"叛逃"解。剌葛、迭剌应是在叛乱后处境不佳，因此才欲南逃。迭剌叛逃事发后，寅底石之妻代其而死，说明寅底石当时同样处境艰难。直至神册三年（918），诸弟中仅有在叛乱中疑似通款阿保机的五弟安端得到任用，出任大内惕隐，并受命"攻云州及西南诸部"④，其余诸弟则持续被阿保机防备和警惕。而同样参与叛乱的萧室鲁则在神册二年（917）就被重新启用，随阿古只掠地燕赵。⑤阿保机对外戚的惩罚显然更轻。但到阿保机伐渤海时，情况发生了变化。

天赞四年（925）阿保机讨伐渤海。此前一年，阿保机对辽朝高层官员、贵族发布了一段神秘而重要的诏令，透露出了此次远征的不寻常之处。为避免断章取义，全引如下：

（天赞三年）六月乙酉，召皇后、皇太子、大元帅及二宰相、诸部头等诏曰："上天降监，惠及烝民。圣主明王，万载一遇。朕既上承天命，下统群生，每有征行，皆奉天意。是以机谋在己，取舍如神，国令既行，人情大附。舛讹归正，遐迩无怨。可谓大含溟海，安纳泰山矣！自我国之经营，为群方之父母。宪章斯在，胤嗣何忧？升降有期，去来在我。良筹圣会，自有契于天人；众国群王，岂可化其凡骨？三年之后，岁在丙戌，时至初秋，必有归处。然未终两事，岂负亲诚？日月非

---

① 《辽史》卷1《太祖纪上》，第12页。
② 《辽史》卷1《太祖纪上》，第12–13页。
③ 《辽史》卷64《皇子表》，第1070页。
④ 《辽史》卷1《太祖纪上》，第12页。
⑤ 《辽史》卷1《太祖纪上》，第12页。

遥，戒严是速。"①

　　事后来看，阿保机"未终两事"一为西征吐浑、党项、阻卜，二为东征渤海。但身处历史现场者无法预知未来，因而"闻诏者皆惊惧，莫识其意"②。除了不知"未终两事"的所指外，最令闻者惊惧的莫过于阿保机预言了自己的死期，③这也赋予了"两事"遗愿和使命色彩。需注意的是阿保机讲话中"宪章斯在，胤嗣何忧"的反问，王小甫已指出此言"完全是遗嘱用语，游离于全篇预言口气之外"④，这种看似突兀、游离的语句，更值得我们重视。阿保机原话应是用契丹语所讲，《辽史》所记录的是经过意译的版本，无法完全表现出阿保机的原意。但"宪章""胤嗣"等关键词以及反问的语气，应不难在翻译和加工的过程中保留下来。从上下文看，此言之前，阿保机所讲内容主要关于君权神授以及国内形势的稳定，属无实际内容的美饰之辞（上天降监，惠及烝民。……自我国之经营，为群方之父母）；经大段铺垫后，阿保机突然提到"宪章斯在，胤嗣何忧"，虽是表达继承人的确定，但多少透露出了对这一问题的担忧；接下来阿保机对死期进行了预言（升降有期，去来在我……三年之后……必有归处），某种程度上呼应了刚刚提到的继承人问题；最后提出要加快完成未能解决的两件大事。从全文看，阿保机刻意谈及继承人问题，并发出了对人生即将走向终点的预言，虽不能肯定是在表达对太子地位的担忧，但至少表明了对皇位继承问题的关注。同样值得注意的是，阿保机谈话对象是"皇后、皇太子、大元帅及二宰相、诸部头"，除述律后及二子外，皆为担任辽朝部族高级僚佐的契丹贵族，与皇位继承问题密切相关。韩延

---

① 《辽史》卷2《太祖纪下》，第21—22页。

② 《辽史》卷2《太祖纪下》，第22页。

③ 赵翼已发现，阿保机诏令中预言的死期，与其后来的真实死期相符。参见赵翼：《廿二史劄记》（下册）曹光甫校点，卷28"辽金之祖皆能先知"条，上海古籍出版社2011年版，第550页。王小甫、罗新分别从不同的角度，将这一神异现象解释为阿保机自杀。参见王小甫：《契丹建国与回鹘文化》，《中国社会科学》2004年第4期，第200—201页；罗新：《耶律阿保机之死》，收入氏著：《黑毡上的北魏皇帝》，海豚出版社2014年版，第101—122页。

④ 王小甫：《契丹建国与回鹘文化》，《中国社会科学》2004年第4期，第201页。

徽、韩知古等与皇位继承无涉的外族僚佐并未参与会议。阿保机谈话对象的选择，同样体现了皇位继承一事在此次讲话中的重要性。

天赞四年（925）十二月乙亥，阿保机"举兵亲征渤海大諲撰。皇后、皇太子、大元帅尧骨皆从"[1]。阿保机此前历次出征，述律后与二子未曾全部从行。在此前一年阿保机西征时，仅次子耶律德光从行，太子耶律倍则留守监国，述律后也未从征。[2]天赞三年（924）的西征和四年的东征虽是阿保机口中并列的"未终两事"，但从出征人员上就体现出了二者的差异。结合阿保机对自己死期的预言，东征应在事先就被他视为人生中的最后一战，因而与皇位继承密切相关。在灭渤海之战中，除流亡的剌葛外，迭剌、寅底石、安端、苏等诸弟悉数从征。

天显元年（926）正月己未，契丹拔扶余城，留规烈、寅底石镇守这一边境军事重镇。[3]《辽史·太祖纪》记载，同年正月丙寅，阿保机"命惕隐安端、前北府宰相萧阿古只等将万骑为先锋，遇諲撰老相兵，破之"[4]。值得注意的是：其一，安端排序在阿古只之前，地位可能高于后者；其二，阿古只头衔为"前北府宰相"，当尚未得到新的官职。阿古只于神册三年（918）十二月戊午被任命为北府宰相，天赞元年（922）十月甲子被萧霞的取代，前后任职不足四年。[5]在征渤海时，阿古只应未统领北府兵马参与作战。

天显元年（926）正月，阿保机灭渤海、立东丹，"册皇太子倍为人皇王以主之"[6]；以"皇弟迭剌为左大相，渤海老相为右大相，渤海司徒

---

① 《辽史》卷2《太祖纪下》，第23页。
② 《辽史》卷2《太祖纪下》记载，阿保机此次西征"诏皇太子监国，大元帅尧骨从行"（第22页）；天赞四年（925）春正月，阿保机"以捷报皇后、皇太子"（第23页）。说明耶律倍与述律后皆未参加西征。此外，阿古只当时被委以南面边事，也未参与西征。
③ 见《辽史》卷75《耶律规烈传》，第1365页。《新唐书》卷219《渤海传》记载"扶余故地为扶余府，常屯劲兵扞契丹"（第6182页），可见扶余城是渤海防御契丹的边防重镇。
④ 《辽史》卷2《太祖纪下》，第24页。
⑤ 《辽史》卷1《太祖纪上》，第13页；卷2《太祖纪下》，第20页。
⑥ 《辽史》卷2《太祖纪下》，第24页。

大素贤为左次相，耶律羽之为右次相"①，以契丹、渤海"共治"的方式对东丹国高层僚属进行了任命，这种"共治"显然是以契丹为主，确切地说是以宗室为主。太子耶律倍受封东丹王，迭剌出任左大相，羽之任右次相，掌控东丹国高层。可见东丹国的政局，实由耶律倍与诸弟、曷鲁家族共同掌控。

天显元年（926）三月癸未，阿保机"宴东丹国僚佐，颁赐有差"②。两天后，阿保机班师。东征渤海是阿保机预言的最后一战，随行人员、军将选任以及东丹僚佐的人事任命，当与皇位继承有密切关系。由于太子耶律倍出任东丹王，因此东丹僚属实际兼具太子辅政团队的性质，迭剌、觌烈、羽之更是阿保机所安排的托孤重臣。③为更好地理解阿保机对东丹僚属的人事安排，首先来看《新唐书·渤海传》对渤海中央官制的记载：

> 官有宣诏省，左相、左平章事、侍中、左常侍、谏议居之。中台省，右相、右平章事、内史、诏诰舍人居之。政堂省，大内相一人，居左右相上；左、右司政各一，居左右平章事之下，以比仆射；左、右允比二丞。左六司，忠、仁、义部各一卿，居司政下，支司爵、仓、膳部，……右六司，智、礼、信部，支司戎、计、水部。④

政堂省是渤海国最高行政机关，地位相当于唐尚书省，主官大内相为百僚之长。宣诏省、中台省分别相当于唐门下省、中书省，⑤与政堂省共同构成渤海国三大中央官署。三省职官地位如下所示（非统辖关系，仅体现地位高下）：

---

① 《辽史》卷2《太祖纪下》，第24页。

② 《辽史》卷2《太祖纪下》，第25页。

③ 阿保机生前所属意之继承人是耶律倍还是耶律德光，学界有争论。笔者认为阿保机生前未曾有更换继承人之意，耶律倍始终是继承人。对这种观点的阐述，参见邱靖嘉：《再论辽朝的"天下兵马大元帅"与皇位继承——兼谈辽代皇储名号的特征》，《民族研究》2015年第2期，第87–89页。

④ 《新唐书》卷219《渤海传》，第6182–6183页。

⑤ 王成国：《唐代渤海国官制概述》，《学习与探索》1982年第5期，第136页。

政堂省大内相

|

宣诏省左相、中台省右相

|

宣诏省左平章事、中台省右平章事

|

政堂省左、右司政

图2.2

阿保机灭渤海、立东丹，在渤海旧制的基础上组建了东丹国僚佐群体。任政堂省大内相者为耶律觌烈。[①]觌烈为曷鲁次弟，由于长兄之缘故，早年便追随阿保机左右。神册三年（918）曷鲁去世后，阿保机"命觌烈为迭剌部夷离堇，属以南方事"[②]，将最核心的职务和重要的南面边事交予觌烈，实际将其视为曷鲁之继承人。觌烈参与了东征渤海，在攻占扶余城后与寅底石共同留守，东丹立国后出任政堂省大内相，居东丹国百僚之长。觌烈之弟耶律羽之出任中台省右平章事（右次相）。羽之名义上位居中台省右相（右大相）渤海老相之下，但实际地位、权力无疑在渤海旧僚之上。通过将觌烈、羽之任命为东丹国核心僚佐，阿保机以曷鲁家族辅佐太子之意图已非常明显。耶律倍辅政团队中另一重要群体为诸弟。虽然只有迭剌以宣诏省左相（左大相）的身份直接进入东丹国中央官署，但安端、寅底石对东丹国的潜在影响也不容忽视。前者在东丹国军事事务中发挥过重要作用；[③]后者不仅曾留守重镇扶余城，且在阿保机遗诏中被明确指定为太子辅政大臣。[④]至此，除神册二年（917）流亡后唐的剌葛外，

---

① 参见《耶律羽之墓志》，周阿根：《辽代墓志校注》，第2页。

② 《辽史》卷75《耶律觌烈传》，第1365页。

③ 安端不仅担任了东征先锋军主将，而且后来参与平定东丹国地方叛乱。参见《辽史》卷2《太祖纪下》，第24页；卷64《皇子表》，第1072页。

④ 《辽史》卷64《皇子表》记载"太祖遗诏寅底石守太师、政事令，辅东丹王"（第1071页）。陈述认为，引文中的"寅底石"不是阿保机之弟，而是耶律羽之（参见陈述：《契丹史论证稿》，第73页）。据《辽史》卷75《耶律羽之传》，羽之字"寅底晒"（第1366页）。但从耶律羽之《辽史》本传和墓志中均未出现"太师"或"政事令"之衔。故仍以《辽史》记载为准。

诸弟皆被重新启用，并被委以辅佐皇太子的重任。东丹国高级僚佐皆由诸弟与曷鲁家族成员构成，这体现了阿保机以宗室辅太子的意图。

阿保机用以辅佐太子耶律倍者，除血缘上至亲的诸弟外，便是政治上最为亲近的曷鲁家族；对后者的任用自然不难理解，但屡次作乱的诸弟为何也成了辅佐耶律倍的核心力量？众所周知，阿保机与述律后在皇位继承问题上存在根本性分歧。前者始终属意长子耶律倍，[①]后者则力主次子德光即位。这一矛盾爆发于辽太祖去世后，但在太祖生前便已现端倪。

天显元年（926）七月辛巳，辽太祖在回师途中，驾崩于扶余府。阿保机生前虽已有所安排，但他留给耶律倍的辅政团体却很不稳固。首先，辅政核心之一，"聪敏""性敏给"且临事善于决断的迭剌，[②]在左大相任上未逾月而薨，[③]死于阿保机之前，未在皇位继承中发挥作用。迭剌死后，东丹国政务由右次相羽之主持。羽之虽为曷鲁之弟，但其妻为述律后之侄女，与后族有着密切的关系。[④]这一特殊身份，可能使羽之成了述律后及耶律德光的支持者。其次，迭剌之外的诸弟亦未发挥辅弼太子的作用。寅底石在太祖死后被述律后"遣司徒划沙杀于路"[⑤]。安端则政治立场暧昧，《资治通鉴》记载，阿保机死后第三日，"契丹述律后使少子安端少君守东丹，与长子突欲奉契丹主之丧，将其众发夫余城"[⑥]。安端为阿保机之弟，《资治通鉴》称其为述律后少子，当为中原史官的误记。述

---

① 参见邱靖嘉：《再论辽朝的"天下兵马大元帅"与皇位继承——兼谈辽代皇储名号的特征》，《民族研究》2015年第2期，第87-92页。

② 参见《辽史》卷64《皇子表》，第1069-1070页。

③ 《辽史》卷75《耶律羽之传》记载"天显元年，渤海平，立皇太子为东丹王，以羽之为中台省右次相。时人心未安，左大相迭剌不逾月薨"（第1366页），表明迭剌上任不足一月便去世。但据《辽史》卷2《太祖纪下》，迭剌于天显元年（926）二月丙午被任命为左大相，七月庚午去世。（第24-25页）两记载中的矛盾说明，迭剌二月接到任命后可能未立即上任，至六、七月才真正履职。

④ 耶律羽之的妻子为萧室鲁之女，萧室鲁为述律后之弟。参见参见《耶律羽之墓志》，周阿根：《辽代墓志校注》，第3页。

⑤ 《辽史》卷64《皇子表》，第1071页。

⑥ 《资治通鉴》卷275，唐明宗天成元年八月丁亥，第9117页。

律后在回国之际命安端主持东丹事务，说明后者很可能在皇位之争中倒向了述律后一方。

阿保机去世次日，述律后"称制，权决军国事"①，开始了对以诸弟为核心的宗室成员的清洗。阿保机去世前"遗诏寅底石守太师、政事令，辅东丹王"，但寅底石被述律后"遣司徒划沙杀于路"②。史籍对此语焉不详，但我们可通过相关事件来加以回溯。天显元年（926）正月庚申，辽军攻拔扶余城，觌烈、寅底石留守此地，③主力继续向东推进，于正月丁丑攻克渤海国都忽汗城。三月乙酉，阿保机自忽汗城（当时已更名为天福城）班师。但东丹国此起彼伏的地方叛乱似乎打断了阿保机回师的脚步，直至七月甲戌，阿保机才到达东丹与契丹边界之扶余府，此时阿保机病重，不得不在扶余府停留，于七日后的七月辛巳病逝。④阿保机病逝时耶律倍不在身边，"遗诏寅底石守太师、政事令，辅东丹王"应指阿保机临终时命留守扶余城的寅底石前往忽汗城迎回耶律倍，以确保太子即位。"淳钦皇后遣司徒划沙杀于路"则指寅底石在自扶余城前往忽汗城的途中被述律后截杀，此举有重要的政治目的。阿保机去世时，次子耶律德光正率兵平定东丹州县叛乱，亦不在身边。阿保机去世后第十天（八月辛卯），耶律德光率先"奔赴行在"⑤，三日后（八月乙巳）耶律倍姗姗来迟。从信息传递所需时间看，阿保机年初正月庚申攻拔扶余城，当月丙寅便兵临忽汗城下，前后不过六天，期间还遭到了渤海老相军的阻击。也就是说，自扶余城至忽汗城正常情况下，往返不会超过十天。但阿保机死后，耶律倍足足用了十三天才抵达行在，这或许是述律后截杀寅底石所致。此外，阿保机逝世后的第三天（八月甲午），述律后在耶律倍尚未到

---

① 参见《辽史》卷2《太祖纪下》，第25页。

② 参见《辽史》卷64《皇子表》，第1071页。

③ 参见《辽史》卷75《耶律觌烈传》，第1365页。

④ 《辽史》卷2《太祖纪下》记载，天显元年（926）六月丁酉"唐遣姚坤以国哀来告"（第25页）。而据《旧五代史》卷137《契丹传》记载，"坤至止三日，阿保机病伤寒"（第2134页），说明阿保机身体在六月出现问题。

⑤ 《辽史》卷2《太祖纪下》，第25页。

达的情况下便"奉梓宫西还"①。耶律倍驻地在扶余城以东之忽汗城，此举应也延后了他的抵达时间。经过述律后的种种手段，耶律德光率先抵达行在，为篡夺皇位创造了先机。《旧五代史·契丹传》记载，"阿保机死，其母令德光权主牙帐"②，德光掌控衙帐的关键，应即比耶律倍早三天到达。

　　寅底石可能并非首个死于皇位之争的宗室成员。阿保机逝世前十一天（七月庚午），"东丹国左大相迭剌卒"③。阿保机灵枢于九月丁卯抵达上京，在此之前五天（九月壬戌），"南府宰相苏薨"④。结合寅底石遇害之事，迭剌、苏先后在敏感时间离世，或许也非正常死亡。⑤耶律苏死后，诸弟中仅疑似倒向述律后的安端尚存，诸弟辅政集团实际已不存在；加之掌控东丹政局的耶律羽之态度并不明朗，阿保机以诸弟、曷鲁家族辅立太子的谋划最终失败。

　　述律后对宗室的血腥镇压，⑥体现出述律后与阿保机在皇位继承问题上的激烈矛盾，也透露出宗室与述律后的立场差异。皇族与后族政治立场上的分裂在诸弟之乱中就已显现。随着叛乱的结束，宗室势力受到重大打击，而外戚地位则得以提升。诸弟之乱爆发前一年（901）的七月，阿保机"以后兄萧敌鲁为北府宰相"⑦，敌鲁家族自此获得了北府宰相世选权。⑧敌鲁于神册三年（918）十二月去世后，阿保机以阿古只继任北府宰

---

① 《辽史》卷2《太祖纪下》，第25页。

② 《旧五代史》卷137《契丹传》，第2134页。

③ 《辽史》卷2《太祖纪下》，第25页。

④ 《辽史》卷2《太祖纪下》，第25页。

⑤ 陈述已对迭剌、阿保机、苏兄弟三人"同死于百日之内"发出疑问，但因资料不足，未进行解答。本书也只是在帝、后矛盾的背景下进行了一番推测。参见陈述：《契丹史论证稿》，第73页。

⑥ 天显元年（925）十一月丙寅，南院夷离堇迭里，被述律后"以党附东丹王，诏下狱，讯鞫，加以炮烙。不伏，杀之，籍其家"（《辽史》卷77《耶律安抟传》，第1390页）。迭里为玄祖长子岩木子孙，位高权重且身份尊贵。述律后对其施以酷刑并籍没全家，当有震慑太子党羽之意图。

⑦ 《辽史》卷1《太祖纪上》，第4页。

⑧ 《辽史》卷73《萧敌鲁传》记载，阿保机"拜敌鲁北府宰相，世其官"（第1349页）。可见不仅敌鲁本人得任北府宰相，其家族也获得了世选权。

相。①阿古只被拜为北府宰相时同样得以"世其职"②，其家族也获得了世选资格。自此，述律后母前夫家族和父族皆获得了北府宰相世选权。

两外戚家族皆获得北府宰相世选权，意味着后族在契丹政权中的权势得到了极大提升。无论是述律后母前夫家族还是述律后父族，在遥辇时期均无世选北府宰相的资格。③随着诸弟之乱的平定，宗室遭到重创，外戚地位攀升。在神册初年契丹政权中，外戚的政治影响力实际已高于宗室。

诸弟之乱后，辽太祖面临维系统治集团内部派系平衡的问题，这当为阿保机宽恕并逐渐重新任用诸弟的原因之一。神册三年（918），作为开国功臣之首的耶律曷鲁去世，宗室势力再遭重创。曷鲁死后，阿保机以其弟觌烈继任迭剌部夷离堇。神册六年（921）阿保机分迭剌部为南、北二院，以出身裹古直家族的斜涅赤和释鲁之孙绾思为夷离堇，将迭剌部势力掌握于宗室之手。阿保机恢复势力平衡的关键一步，在于以宗室成员担任南府宰相。

关于辽建国之初南府宰相的人选，《辽史》记载极为简略，仅知阿保机在太祖元年正月即汗位时的南府宰相为耶律欧里思，此人出身不明，但应非迭剌部成员。④此外至少还有一个"萧姓家族"在辽初拥有南府宰相世选权，即楮特部萧孝恭家族。⑤刻于辽道宗大康七年（1081）的《萧孝恭墓志》记载，志主为楮特部人，"高祖以前六祖，世世皆拜南宰相"⑥。萧孝恭生于兴宗重熙六年（1037），死于大康七年，为道宗同龄

---

① 参见《辽史》卷1《太祖纪上》，第13页。

② 《辽史》卷73《阿古只传》，第1349–1350页。

③ 《辽史》卷1《太祖纪上》记载"敌鲁为北府宰相，后族为相自此始"（第4页）。此处"后族"应为述律后母前夫家族和父族的统称，说明两支后族在遥辇时期皆未产生过北府宰相。

④ "欧里斯"在《辽史》中也译作"偶思"，曷鲁之父的姓名恰好正是耶律欧里斯。但此名在契丹人中较常见，不能确定是曷鲁之父。而且从《辽史·耶律曷鲁传》的记载看，偶思可能在阿保机即位前就已病逝。更关键的是，辽皇族所在的迭剌部隶属北府，而南府宰相应从南府诸部中产生。因此担任南府宰相的耶律欧里斯并非曷鲁之父。

⑤ 萧姓直到辽太宗时期出现，遥辇末期及阿保机时期，这一家族显然还未冠以萧姓。此处使用"萧姓家族"这类概念，只是为了方便叙述。

⑥ 《萧孝恭墓志》，周阿根：《辽代墓志校注》，第395页。

人。按此推算，孝恭高祖大概生活在世宗、穆宗时期。萧孝恭有堂兄名为萧孝资，此人墓志刻于天祚帝乾统九年（1109），其中记载孝资"五代祖曰乌古邻，国朝初有佐命功，故太宗嗣圣皇帝以友视之"[1]。孝恭、孝资的祖父为同一人，[2]因此孝资五代祖乌古邻即孝恭高祖之父。由此可知，萧孝恭家族成员在遥辇末期多次出任南府宰相，应为世选南府之家。在辽建国初期，这支来自楮特部的家族频频产生南府宰相，无疑是辽重要的权贵家族之一。

　　无论耶律欧里斯家族还是萧孝恭家族，应皆出自南府诸部。辽宗室所出之迭剌部不受二府所辖，本无世选南府宰相之资格，但神册六年（921）正月丙午，阿保机"以皇弟苏为南府宰相"，"宗室为南府宰相自此始"。[3]阿保机以宗室掌控南府的契机正是诸弟之乱。《辽史·太祖纪》记载：

　　南府宰相，自诸弟构乱，府之名族多罹其祸，故其位久虚，以锄得部辖得里、只里古摄之。府中数请择任宗室，上以旧制不可辄变；请不已，乃告于宗庙而后授之。宗室为南府宰相自此始。[4]

　　当南府"数请择任宗室"时，阿保机以"旧制不可辄变"为由推辞，可见按契丹传统，宗室无出任南府宰相的资格。借助诸弟之乱的契机，阿保机将耶律苏立为南府宰相，由此外戚、宗室分别获得世选北、南府宰相的资格，一定程度上实现了亲信集团内部的力量平衡。

　　除了制度层面，阿保机在神册建元后的政治运行中，也有意识地维系宗室与外戚之间的平衡。在对外征讨中，阿保机重新启用宗室亲信，曾经参与叛乱的安端也受命征云州及西南诸部。天赞元年（922）十月，阿保机"以萧霞的为北府宰相"[5]，取代了神册三年（918）十二月上任的阿古只。史籍中未记载阿古只离任的原因，但阿古只直至天显元年（926）伐

---

① 《萧孝资墓志》，周阿根：《辽代墓志校注》，第549页。
② 《萧孝恭墓志》作萧德顺，《萧孝资墓志》作萧顺德，应有一误。
③ 《辽史》卷2《太祖纪下》，第18页。
④ 《辽史》卷2《太祖纪下》，第18页。
⑤ 《辽史》卷2《太祖纪下》，第20页。

渤海时头衔为"前北府宰相",可见卸任后未得到新的职任。[①]萧敌鲁于神册三年(918)逝世后,阿古只便成了外戚群体中地位最高者。阿古只卸任北府宰相,多少反映出了阿保机对外戚的防范和抑制。

在阿保机晚年的东、西两征中,宗室成员不仅参加了战前谋划,[②]在战争过程中也发挥了关键作用。在天赞三年(924)的西征中,大元帅耶律德光、南府宰相苏、南院夷离堇迭里是主要的统兵将领,后族成员则悉数缺席。在天显元年(926)的东征中,述律后与阿古只虽参与其中,但宗室的作用更为突出:

> (正月丙寅)惕隐安端、前北府宰相萧阿古只等将万骑为先锋,遇諲譔老相兵,破之。皇太子、大元帅尧骨、南府宰相苏、北院夷离堇斜涅赤、南院夷离堇迭里是夜围忽汗城。[③]

阿古只虽发挥了重要作用,[④]然而是以"前北府宰相"的名义出征,这意味着他没有统领北府兵马参与东征,而时任北府宰相的萧霞的未出现在从征人员名单中。围攻忽汗城的契丹主力,除太子与德光外,主要由南府宰相耶律苏、北院夷离堇斜涅赤和南院夷离堇迭里统领。再结合东丹僚属的构成和出身,太祖东征将领当主要由宗室成员构成,这种人事安排,或许也有辅助太子即位的意图。

阿保机死后,宗室成了述律后废长立次的阻碍,因而遭到了镇压。诸弟首当其冲,迭剌家族遭籍没,寅底石被杀。[⑤]天显元年(926)十一月丙寅,

① 当然这并不能说明阿古只神册建元后失宠于太祖。阿保机天赞三年(924)西征时,曾将重要的"南面边事"悉委于阿古只,足见仍旧信任阿古只。参见《辽史》卷73《阿古只传》,第1350页。但这种委托似乎是一种临时性的使职,从《辽史》看,阿古只直至逝世也未能得到新的官号,这或许体现了阿保机对后族势力的抑制和防范。

② 参见《辽史》卷75《耶律铎臻传》,第1367页。

③ 《辽史》卷2《太祖纪下》,第24页。

④ 阿古只先是参与攻占扶余城,又与安端统领先锋军,大破渤海老相军,打通了通往忽汗城的道路;此后又参与平定东丹州县叛乱,最终病逝于东征途中。参见《辽史》卷73《阿古只传》,第1350页

⑤ 迭剌死后,家族遭到籍没,相关情况参见《耶律琮神道碑》(保宁十一年,979),《辽代石刻文续编》,第341页。

述律后"杀南院夷离堇耶律迭里、郎君耶律匹鲁等"①。此事与废立太子直接相关。《辽史·耶律安抟传》记载：

> 太祖崩，淳钦皇后称制，欲以大元帅嗣位。迭里建言，帝位宜先嫡长；今东丹王赴朝，当立。由是忤旨。以党附东丹王，诏下狱，讯鞫，加以炮烙。不伏，杀之，籍其家。②

迭里为玄祖长子岩木之孙，时任南院夷离堇。述律后以残酷手段对待身份位高权重的耶律迭里，显然有震慑太子党羽之意。述律后在杀害迭里后，竟将这一出自玄祖系的家族籍没，也体现了述律后与宗室成员矛盾之深。迭里被杀前的九月壬戌，南府宰相耶律苏死于回师途中。至此东征的三位主要统兵将领中已有两人身死，仅剩年老且与述律后有姻亲关系的北院夷离堇斜涅赤幸免。③通过对宗室成员的血腥镇压，述律后得以废长立次。在这一过程中，述律后逐步成为辽朝政治之核心。

本章小结

辽朝政治的一大特点在于，在皇族之外存在一相对稳定、前后延续的后族群体，并始终对王朝政治产生着重大影响。自辽建国至灭亡，述律后家族一直作为后族与皇族相伴始终。后族群体的稳定性和延续性，极大地增强了自身政治实力，因此辽朝后族始终对王朝政治保持了巨大的影响力，也形成了辽朝统治集团帝、后二族共治的特征。

由本章的论述可以发现，辽朝帝、后二族共治现象根植于辽朝特殊的建国方式。阿保机建国历程中所构建和依赖的亲信集团主要由宗室和外戚构成，本身就具备二元性的特征，阿保机凭借皇族和后族所提供的资源成功夺取汗位。但由于契丹国家的世选传统，宗室成员天然地具备潜在汗位

① 《辽史》卷2《太祖纪下》，第26页。

② 《辽史》卷77《耶律安抟传》，第1390页。

③ 斜涅赤"天显中卒，年七十"，在述律后摄政时期已年老。参见《辽史》卷73《耶律斜涅赤传》，中华书局2016年版，第1350页。斜涅赤出自皇族裹古直系，述律后之姐嫁入此家族。参见《辽史》卷73《耶律老古传》，第1351页。

竞争者的身份，因此阿保机在平定诸弟之乱时倚重外戚，导致了皇族地位的衰落和后族地位的跃升。神册建元后，阿保机着力提高皇族地位，以维系宗室、外戚间的平衡，为此不惜启用多次谋叛的诸弟。然而阿保机晚年以宗室辅弼太子的举措，又导致述律后在称制期间对以诸弟为首的宗室成员进行了镇压，造成了述律后与宗室成员之间的对立，影响了太宗、世宗两朝的政治走向。

总之，辽朝帝、后二族共治的独特政治格局，根植于阿保机由宗室、外戚构成的建国亲信集团，其背后是阿保机所构建的二元性权力网络。阿保机在宗室、外戚亲信的支持下易代建国，其政权的统治集团也以宗室、外戚为主体。由于述律后家族在辽朝几乎始终掌控后位，因此外戚集团也保持了高度的稳定性，帝、后二族共治的政治格局得以贯穿辽朝始终，成为辽朝政治的一个显著特征。

下编：契丹族群的形成

"契丹"既是一个政治体概念，也是一个族群概念。自十六国至辽，契丹政治体与奚、突厥、汉、高句丽、渤海等周边政权及族群长期交流、融合，契丹族群也在这一过程中不断发生变化。换言之，契丹族群的形成是一个持续的动态过程，而非一个短促的静态节点。受限于史料，我们对契丹族群的早期情形所知甚少，但自唐以来，契丹族群的形成与演变明显受到政治因素的影响。特别是在遥辇氏部落联盟与辽王朝中，由于统治集团为外族后裔，因此统治者在取得统治地位后使用政治权力对契丹族群进行了重塑，契丹族群的内部构成也因此发生了重大变化。

本书接下来将从族群与政治体的互动关系入手，探讨遥辇与辽两政权对契丹族群的塑造。第三章利用史籍中相对为人忽视的细节，发掘奚人势力入主契丹部落联盟的历史，探讨奚人集团在契丹政治体发展中的作用。以此为基础，第四章首先叙述遥辇氏部落联盟如何整合新、旧契丹人，接下来分析辽王朝如何淡化统治集团的外族身份，并以皇族、后族为核心，重新塑造契丹族群。

第三章　奚人集团与契丹建国

公元916年，耶律阿保机称帝建元，定国号"大契丹"。[①]此后直至辽亡，"契丹"始终是辽朝国号的核心构成元素。[②]在辽朝的诸多族群中，契丹显然处于统治地位。缔造大契丹国的阿保机，在《辽史·太祖纪》中被记载为"契丹迭剌部霞濑益石烈乡耶律弥里人"[③]。粗略观之，辽朝无疑是由契丹人建立的契丹政权。然而学界早已注意到，契丹是一个屡经混合的族群；[④]对阿保机祖先奇首可汗的研究也表明，辽朝皇族是一支鲜卑人的后裔。[⑤]近年来，杨军、苗润博从不同角度指出，阿保机祖先

[①] 《契丹国志》卷首《契丹国九主年谱》记载"太祖大圣皇帝，梁均王贞明二年（916）丙子称帝，国号大契丹"，第7页。

[②] 神册元年（916）至咸雍二年（1066），辽朝汉文国号为"大契丹"；终辽一朝，辽政权始终以"哈喇契丹"为契丹文国号。关于辽朝国号的变迁，参见刘浦江：《辽朝国号考释》，《松漠之间：辽金契丹女真史研究》，第50页。

[③] 《辽史》卷1《太祖纪上》，第1页。

[④] 相关研究已有详细综述，参见郭晓东：《20世纪以来契丹族源研究述评》，《辽宁工程技术大学学报》2017年第2期，第116页；冯科：《契丹早期历史若干问题研究》，内蒙古大学2020年博士学位论文，第10—12页、第56—57页。

[⑤] 一般认为，奇首可汗是一位东汉时期的鲜卑首领。参见梁万龙：《耶律羽之及其族氏考析》，《内蒙古社会科学》1994年第1期，第68页；任爱君：《关于契丹族源诸说新析》，《蒙古史研究》（第七辑），内蒙古大学出版社2003年版，第44页；杨军：《契丹始祖传说与契丹族源》，《首都师范大学学报》2014年第6期，第1—7页。

晚至唐开元、天宝之际才加入契丹族群，①进一步揭示了辽朝皇族在契丹族群中的外来者、后来者身份。

阿保机代遥辇氏而立国，其政权与遥辇之间存在延续性，②后者也被辽人视为契丹建国之始。③因此对契丹建国历程的考察，应始于遥辇。关于遥辇氏的族属，周建奇认为，阻午可汗之名"组里"与《辽史·耶律曷鲁传》中奚长之名"术里"似为同音异译；④乌拉熙春则认为，"组里"与《辽史·营卫志》中的东遥里十帐部主的名字"哲里"音近，并将"遥辇"与奚遥里部联系在一起；⑤杨军也指出，遥辇氏在金代被视为奚人。⑥上述研究虽未言及遥辇氏的族属，但提示我们，遥辇统治集团很可能为奚人。

综上所述，学界已洞悉遥辇与辽朝统治集团的外来性，并观察到遥辇与奚之间似有关联，但尚未就其族属进行探讨，也未将遥辇、辽两个前后相续的政治体结合在一起考察。事实上，辽朝皇族同样呈现出了奚人后裔的特征，可与学界关于遥辇氏源自奚的推测形成互证。本章将在现有研究的基础上，考察遥辇汗族及辽朝皇族的族属，分析奚人集团在契丹建国中的作用。

---

① 参见杨军：《契丹始祖传说与契丹族源》，《首都师范大学学报》2014年第6期，第6页；苗润博：《契丹建国前史发覆——政治体视野下北族王朝的历史记忆》，《历史研究》2020年第3期，第60页。

② 延续性不仅体现在政权的前后相续上，也体现在统治家族的血缘关系上。参见《辽史》卷61《刑法志上》，第1037页；参见爱新觉罗·乌拉熙春：《从契丹文墓志看辽史》，松香堂书店2006年版，第15页。

③ 相关论述参见苗润博：《契丹建国前史发覆——政治体视野下北族王朝的历史记忆》，《历史研究》2020年第3期，第55—56页。

④ 周建奇：《鬼方、丁零、敕勒（铁勒）考释》，《内蒙古大学学报》1992年第1期，第34页。但作者后来认为，阻午可汗很可能是一位入主契丹的回鹘人。参见周建奇：《辽代契丹半丁零——〈辽史〉中的迪辇为高车丁零异译补正》，《内蒙古大学学报》1993年第3期，第88页。

⑤ 参见爱新觉罗·乌拉熙春：《从契丹文墓志看辽史》，松香堂书店2006年版，第13页。

⑥ 杨军：《契丹始祖传说与契丹族源》，《首都师范大学学报》2014年第6期，第5页。

第一节　遥辇氏族属再认识

《金史·兵志》记载"所谓奚军者，奚人遥辇昭古牙九猛安之兵
也"①，将"遥辇昭古牙"称为奚人，将"昭古牙九猛安之兵"称为奚兵。②
昭古牙九猛安，即辽朝的遥辇九帐。③此记载传达出一种反常识的信息——
遥辇九帐成员为奚人。《金史·兵志》内容多源自实录、《国史》等金代文
献，④很大程度上体现了金人的看法。《兵志》还提到，遥辇九猛安组建后
"与上京及泰州凡六处置"⑤。遥辇九猛安组建于金太宗时期，当时的"上
京"实为辽上京临潢府。⑥而《金史·食货志》记载，金世宗曾言："奚人
六猛安，已徙居咸平、临潢、泰州。"⑦金代并无作为独立建制的"奚人六
猛安"，从临潢、泰州等地点看，世宗所言"奚人六猛安"，即遥辇九猛
安的一部分。⑧可见金世宗也将遥辇猛安称作奚人猛安。遥辇九帐在辽代为
"遥辇九可汗宫分"⑨，属政治体，隶其下者并不皆属遥辇氏。虽然金人称
遥辇九帐之兵为奚军，称遥辇猛安为奚人猛安，但据此尚无法断言遥辇氏为
奚人。判断遥辇氏之族属，关键在于明确昭古牙的身份。

---

① 《金史》卷44《兵志》，第1067页。

② 《金史》有时将奚人记作契丹人，如卷80《斜卯阿里传》记昭古牙为"契丹昭古牙"，卷91
《萧怀忠传》记载"海陵意谓怀忠与萧裕皆契丹人"。以族属而论，昭古牙、萧怀忠、萧裕皆
为奚人；《金史》称他们为契丹人，当是以政权而论，即三人为曾隶属于契丹政权的奚人。

③ 参见《金史》卷77《挞懒传》，第1876页。

④ 参见邱靖嘉：《〈金史〉纂修考》，中华书局2017年版，第168页。

⑤ 《金史》卷44《兵志》，第1072页。

⑥ 金前期都城会宁府直至熙宗朝才建号上京，此前辽都城临潢府一直保持上京的旧称；《金史》
中多有混淆辽上京与金上京的情况。参见刘浦江：《金朝初叶的国都问题——从部族体制向帝
制王朝转型中的特殊政治生态》，《中国社会科学》2013年第3期，第161–169页。

⑦ 《金史》卷47《食货志》，第1122页。

⑧ 《金史》卷44《兵志》记载"奚军初徙于山西，后分迁河东"，第1067页。遥辇九猛安可能另
有一部分迁往了山西。

⑨ 《辽史》卷116《国语解》，第1693页。

昭古牙在《金史》中被记载为"遥辇昭古牙"①。"遥辇"本是统治家族名号，在辽代逐渐姓氏化。②昭古牙以遥辇为姓，应出身遥辇可汗家族，这一身份在其职任中也能得到印证。《金史·挞懒传》记载：

> 挞懒请以遥辇九营为九猛安。上以夺邻有功，使领四猛安，昭古牙仍为亲管猛安。五猛安之都帅，命挞懒择人授之。③

遥辇九帐被编为九猛安后，"昭古牙仍为亲管猛安"。按金朝兵制，亲管猛安为一猛安之统领。④昭古牙"仍为亲管猛安"，意即降金后职务未变，说明此前为辽朝某一遥辇帐的首领。《辽史·百官志》记载"太祖受位于遥辇，以九帐居皇族一帐之上，设常衮司以奉之，有司不与焉"⑤。阿保机以受禅的名义立国，即位后置遥辇九帐于皇族之上，以示尊崇。在"有司不与"的管理模式下，遥辇帐属官应由遥辇氏成员出任。因此从"姓名"和职任上看，昭古牙应出身遥辇氏。金人称昭古牙为奚人，意味着将遥辇汗族视为奚人。

遥辇氏八部联盟是辽朝的前身，其统治家族为何会被金人视为奚人？有学者提出，这是因遥辇氏属于一支出自宇文鲜卑的契丹人，与同出自宇文鲜卑的奚人较为相似。⑥奚与契丹虽同出一源，但在北魏初就已分流；⑦至辽金之际，恐怕不会再因此而被视为一体。金人视遥辇氏为奚人，当有更直接的原因。此外，遥辇氏为奚人之说仅见于金人记载，从未出现

---

① 《金史》卷3《太宗纪》，第56页；卷77《挞懒传》，第1875页。
② 《辽史》卷17《圣宗纪八》记载，太平九年（1029）六月，辽圣宗"以耶律思忠、耶律荷、耶律暠、遥辇谢佛留、陈邈、韩绍一、韩知白、张震充贺宋两宫生辰及来岁正旦使副"，第229页。可见在圣宗朝，"遥辇"已成为与耶律、陈、韩一样的姓氏。
③ 《金史》卷77《挞懒传》，第1875—1876页。
④ 《金史》卷44《兵志》记载"凡猛安之上置军帅，军帅之上置万户"，"然时亦称军帅为猛安，而猛安则称亲管猛安"，第1072页。可见亲管猛安管辖的是一个猛安。
⑤ 《辽史》卷45《百官志一》，第800页。
⑥ 参见杨军：《契丹始祖传说与契丹族源》，《首都师范大学学报》2014年第6期，第5页。
⑦ 《魏书》卷88《契丹传》，第2408页。

在辽代文献中，①那么此说能否得到遥辇氏成员的自我认同？奚与契丹同出一源，且居地相近，这或许会导致外界的混淆，但不意味着二者主观上也忽视身份边界。相较于金人的看法，遥辇氏的自我认同才是判断族属的直接依据。然而由于史料的缺失以及刻意掩饰，②我们未发现有关遥辇氏族属认同的记载。在这种情况下，作为统治集团的名号"遥辇"，就成了考察主观认同的关键线索。

已有学者指出，"遥辇"在汉文史籍中亦作"遥里"。③这从契丹文读音的角度也可得到证实。"遥辇"在契丹小字墓志中的出现情况如下表：④

表3.1 契丹小字墓志"遥辇"出现情况

墓志原文	汉译	出处（墓志及行数）
万仃 衣各 达爻 火	遥辇/敞稳	萧图古辞尚书墓志（9）
万仃 仐芀 达爻 来 亟夹	遥辇/鲜质/可汗之	萧太山将军永清郡主墓志（10）
万仃 本亚 达爻 本矢	遥辇/阿剌于	萧太山将军永清郡主墓志（10）
万仃 又反 半和 仐芀 亟亚 达爻 来	遥辇/孟/父之/鲜质/可汗之	韩氏夫人墓志（7）
万仃 芀仐 达爻 亚为 本	遥辇/某	梁国王墓志（20）

---

① 遥辇氏的族属不见于辽代文献，但在元修《辽史》中有所呈现。《辽史·营卫志》"遥辇氏八部"条记载，遥辇氏八部中有一部名为乙室活。《旧唐书》卷141《张孝忠传》记载"张孝忠，本奚之种类。曾祖靖，祖逊，代乙失活部落酋帅"，第3854页。"乙失活"应即"乙室活"。世任乙室活部长的张孝忠家族本为奚人，说明遥辇氏八部联盟中存在着奚人后裔。

② 元人《进〈辽史〉表》提到"国既丘墟，史亦芜芔。耶律俨语多避忌，陈大任辞乏精详"，可见《皇朝实录》记载本朝历史多有避讳。遥辇氏的奚人身份可能因此而被掩饰。参见《辽史》附《进〈辽史〉表》，第1714页。

③ 参见爱新觉罗·乌拉熙春：《从契丹文墓志看辽史》，松香堂书店2006年版，第14页；苗润博：《契丹建国前史发覆——政治体视野下北族王朝的历史记忆》，《历史研究》2020年第3期，第58页。

④ 本表所录墓志原文及译文，来自清格尔泰等：《契丹小字再研究》（第二卷）。

续表

墓志原文	汉 译	出处（墓志及行数）
[契丹小字]	遥辇/诸可汗之	耶律详稳墓志（2）
[契丹小字]	遥辇/剋	耶律奴详稳墓志（17）
[契丹小字]	遥辇/鲜质/可汗之	显武将军拔里公墓志（23）

"遥辇"在契丹小字墓志中有[契丹小字]、[契丹小字]、[契丹小字]三种形式，三者主干皆是[契丹小字]，仅词尾原字不同。[契丹小字]在契丹小字墓志中独立出现一次，即《耶律详稳墓志》所载[契丹小字]（九/帐/遥辇），表示遥辇九帐，[1]可见其本身就足以表达"遥辇"之义。上表中，[契丹小字]、[契丹小字]、[契丹小字]之后皆缀有从属于遥辇的名词，实质表达了"遥辇之某"的含义。由此来看，表中三者的词尾原字，应为[契丹小字]的领格附加成分；[2][契丹小字]才真正表示统治集团名号"遥辇"。关于[契丹小字]的读音，起首原字[契丹字]拟音为j，[3]与"遥"中古音声母一致；[4]原字[契丹字]发音不明，词尾原字[契丹字]拟音为ol。[5]虽尚无法构拟整词读音，但从词尾原字看，[契丹小字]词尾音值并非n，与"辇"不同，而与"里"读音更接近。[6]因此，作为遥辇氏八部联盟统治家族名号的[契丹小字]，读音其实更接近汉文"遥里"。[7]

---

① 参见清格尔泰等：《契丹小字再研究》（第二卷），第1472页。
② 已有学者指出，原字[契丹字]、[契丹字]可作领格附加成分。参见爱新觉罗·乌拉熙春：《契丹语言文字研究》，京都大学东亚历史文化研究会2004年版，第123-146页；吴英喆：《契丹语静词语法范畴研究》，内蒙古大学出版社2007年版，第51-54页。
③ 参见清格尔泰等：《契丹小字再研究》（第一卷），第341页。
④ "遥"中古音拟音为jĭɛu。参见李珍华、周长楫：《汉字古今音表》，中华书局1993年版，第268页。
⑤ 参见清格尔泰：《契丹小字再研究》（第一卷），第344页。
⑥ "辇"中古音拟音为lĭɛn，"里"中古音拟音为lĭə。参见李珍华、周长楫：《汉字古今音表》，第226页、第62页。
⑦ 《金史》卷82《耶律涂山传》记载"耶律涂山系出遥辇氏，在辽世为显族。涂山仕至金吾卫大将军、遥里相温"，第1951页。耶律涂山仕辽期间担任的"遥里相温"，应即"遥辇详稳"之异译。

苗润博提出"遥里"与"饶乐"唐音可勘同，[1]继而指出，遥辇时代应始于可突于开元年间率部侵夺饶乐水流域的奚饶乐都督府旧土，并推测"为标识在饶乐水重新组建的部落联盟，当时的契丹集团遂以此大河为名代指汗族，至辽朝建立以后方才逐渐衍化为所谓的'遥辇氏'"。[2]此推论揭示了遥辇与奚的关联，但也存在两个问题。首先，契丹侵夺奚故土后，为何将奚都督府的名号"饶乐"作为统治家族名号？其次，"遥里"与"饶乐"的勘同完全基于读音的近似，缺乏旁证。其实抛开"饶乐"不谈，"遥里"本身就与奚有密切关系，在遥辇时期及辽代一直作为奚部落名称存在。《辽史·营卫志》"奚王府六部五帐分"条记载：

> 其先曰时瑟，事东遥里十帐部主哲里。后逐哲里，自立为奚王。卒，弟吐勒斯立。遥辇鲜质可汗讨之，俘其拒敌者七百户，摭其降者。以时瑟邻睦之故，止俘部曲之半，余悉留焉。奚势由是衰矣。初为五部：曰遥里，曰伯德，曰奥里，曰梅只，曰楚里。太祖尽降之，号五部奚。[3]

东遥里十帐部为辽代五部奚的前身，是一个由十部组成的奚部落联盟。乌拉熙春最早将此记载与遥辇联系起来，提出"哲里"与遥辇阻午可汗之名"组里"音近，二者应为同一人。[4]乌拉熙春未进一步探讨遥辇氏的族属，但循此思路，阻午可汗应是一位出自东遥里十帐部的奚人首领。尽管"哲里"即阻午可汗只是一种猜想。但作为同名且有交集的两个部落组织，东遥里十帐部与遥辇氏八部联盟可能存在某种渊源，这在契丹的青牛白马族源传说中有所呈现。关于青牛白马传说，《契丹国志》记载最详：

> 本其风物，地有二水。曰北乜里没里，复名陶猥思没里者，是其一也，其源流出自中京西马盂山，东北流，华言所谓土河是也；曰袅罗个

---

① 参见苗润博：《契丹建国前史发覆——政治体视野下北族王朝的历史记忆》，《历史研究》2020年第3期，第58页。

② 苗润博：《契丹建国前史发覆——政治体视野下北族王朝的历史记忆》，《历史研究》2020年第3期，第58页。

③ 《辽史》卷33《营卫志下》，第439页。

④ 参见爱新觉罗·乌拉熙春：《从契丹文墓志看辽史》，松香堂书店2006年版，第13—14页。

没里，复名女古没里者，又其一也，源出饶州西南平地松林，直东流，华言所谓潢河是也。至木叶山，合流为一。古昔相传：有男子乘白马浮土河而下，复有一妇人乘小车驾灰色之牛，浮潢河而下，遇于木叶之山，顾合流之水，与为夫妇，此其始祖也。是生八子，各居分地，号八部落。①

青牛白马传说的形成时间早于辽朝建国，遥辇时期便已流行于契丹社会。②新近的研究进一步指出，此传说是对契丹族群在唐开元、天宝之际融合情形的反映。③值得注意的是，前引《契丹国志》提到"有男子乘白马浮土河而下"，《辽史·地理志》也记载"有神人乘白马，自马盂山浮土河而东"④。显然，此传说中的契丹男性始祖，是自马盂山附近的土河源头顺流而下的。然而已有学者指出，土河流域并非契丹传统居地。⑤在唐代，契丹活动地域以潢河为中心，土河上游始终是奚人居地。⑥在青牛白马传说盛行的辽代，马盂山及土河上游位于中京附近，为奚五部所在地。辽代奚五部亦称奚王府五帐，即东遥里十帐部被遥辇鲜质可汗"俘部曲之半"后留居原地的残部。⑦辽圣宗统和二十年（1002）"奚王府五帐六节度献七金山土河川地"⑧，后圣宗于此建中京。从奚五部的位置来看，东遥里十帐部正位于土河上游一带。在这一背景下回顾青牛白马传说，自土河上游顺流而下的白马神人实际是由奚境而来，⑨可能象征着一支来自东遥里十帐部的奚人势力；

① 《契丹国志》卷首《契丹初兴本末》，第3页。
② 参见赵光远：《试论契丹族的青牛白马传说》，《北方文物》1987年第2期，第58-59页；李桂枝：《关于契丹古八部之我见》，《中央民族学院学报》1992年第1期，第38页。
③ 参见杨军：《契丹始祖传说与契丹族源》，《首都师范大学学报》2014年第6期，第1页；苗润博：《"青牛白马"源流新论》，《北京大学学报》2022年第3期，第104页。
④ 《辽史》卷37《地理志一》，第504页。
⑤ 参见任爱君：《关于契丹族源诸说新析》，《蒙古史研究》（第七辑），第36页。
⑥ 参见毕德广：《奚族文化研究》，科学出版社2016年版，第28-30页。
⑦ 参见《辽史》卷33《营卫志下》，第439页。
⑧ 《辽史》卷14《圣宗纪五》，第172页。
⑨ 已有学者指出白马神人来自奚境，但认为这反映出，奇首可汗的妻子（可敦）是一位奚人。参见孙国军、康建国：《"青牛白马"传说所反映的契丹历史》，《赤峰学院学报》2012年第8期，第1-3页。

自平地松林浮潢河而下的青牛天女，则象征着一支居于潢河流域的族群。两位祖先神中，来自奚境的白马神人作为男性形象出现，意味着奚人势力在融合后的契丹族群中应占据着主导地位，这或许才是奚部落名称"遥里"成为契丹八部联盟统治家族的名号的原因。

奚人势力在契丹族群中的主导地位，在阴山七骑赤娘子传说中体现得更为明显。王易《燕北录》记载：

> 先望日四拜，次拜七祖殿、木叶山神，次拜金神，次拜太后，次拜赤娘子，次拜七祖眷属，次上柴笼受册，次入黑龙殿受贺。……赤娘子者，番语谓之"掠胡奥"，俗传是阴山七骑所得黄河中流下一妇人，因生其族类，其形木雕彩装，常时于木叶山庙内安置，每一新戎主行柴册礼时，于庙内取来作仪注，第三日送归本庙。[1]

引文所述，为辽道宗清宁四年（1058）柴册仪的情景。柴册仪所祭神祇中有赤娘子，在传说中为契丹女性始祖，阴山七骑则为男性始祖。阴山七骑赤娘子传说与青牛白马传说的情节较相似，皆体现了契丹族源的二元性。其中，作为男性和主导者形象出现的阴山七骑应地位更高，应象征着统治集团所出之族群。阴山七骑仅见于《燕北录》所录之"俗传"，我们对其所知甚少。所幸辽人胡瓌有《阴山七骑图》，此画后来流入宋境，在宋人中广泛流传。借助宋人咏画诗，我们可对阴山七骑有更深入的了解。北宋诗人梅尧臣曾作《观史氏画马图》一诗，其中提到"往闻胡瓌能画马，阴山七骑皆戎奚"[2]，称阴山七骑为奚人。宋人孔武仲《刘器之阴山七骑图》对画作的描述更为详细：

> 北风飒飒边云黄，飞沙曀日天惨苍。
>
> 驾鹅鸣哀雁不翔，七骑正出阴山傍。
>
> ……
>
> 马蹄涩缩弓不张，但见旗旆随飞扬。

① 王易：《重编燕北录》，收入陶宗仪：《说郛三种》卷38，上海古籍出版社1988年版，第645–646页。

② 朱东润：《梅尧臣集编年校注》卷22，上海古籍出版社2006年版，第609页。

凤瓶倒酒进奚王，仰天意气骄雪霜。①

诗中提到"凤瓶倒酒进奚王"②，透露《阴山七骑图》中有一奚王形象。前引梅诗中亦有"凤瓶挈酒鞍挂获"，应是对同一场景的描述。综合两诗所述，《阴山七骑图》中的阴山七骑实际是奚人。胡瓌为范阳人，生活于唐末五代。③范阳后晋时归入辽，因此胡瓌也被记载为"山后契丹人"④。唐末五代时期，土河上游为奚王牙帐所在地。⑤胡瓌所居的幽州地区，在当时紧邻奚人居地。⑥因此胡瓌不仅有条件了解契丹的族源传说，而且能对奚人形象比较熟悉。借助胡瓌画作，我们得以认识到，在阴山七骑赤娘子传说中作为契丹男性始祖的阴山七骑其实是奚人。

将青牛白马传说与阴山七骑赤娘子传说合观，不难发现二者高度相似。两传说情节相仿，其中的女性祖先皆泛潢河而下。因此有学者认为赤娘子即青牛仙女，⑦或将二者视为同一传说的不同版本。⑧然而一个难以弥合的矛盾在于，两传说中的契丹男性始祖人数不同。其实《燕北录》仅言赤娘子"俗传是阴山七骑所得黄河中流下一妇人"，未尝谓阴山七骑与赤娘子结合而生八子。我们注意到，孔武仲《刘器之阴山七骑图》有"凤瓶倒酒进奚王"一句，暗示阴山七骑中有一个奚王形象，七骑之间的地位并不平等。综合以上

---

① 陈邦彦：《御定历代题画诗类》卷57，《摘藻堂四库全书荟要》本，世界书局1985年影印版，叶15b。

② 该诗四库版多有讳改，"胡""奚"等字被替换，此句作"凤瓶倒酒进其王"。参见孔武仲《刘器之阴山七骑图》，《钦定四库全书》本《清江三孔集》卷五，叶27a。相较而言，《摘藻堂四库全书荟要》讳改较少，更大程度上保留文献原貌，故本书采《摘藻堂四库全书荟要》版本。

③ 关于胡瓌生活年代的研究，参见苗润博：《透视阴山七骑：图像、传说与历史记忆》，《美术研究》2022年第2期，第10页。

④ 刘道醇：《五代名画补遗》，宋临安陈道人书籍铺刻本，叶6b。

⑤ 关于奚王牙帐在唐末五代时期的位置，参见毕德广：《奚族文化研究》，第33–43页。

⑥ 辽幽州（范阳）地区紧邻奚人居地，如宋使宋绶称"由古北口至中京北皆奚境"，参见《续资治通鉴长编》卷97，天禧五年九月，中华书局2004年版，第2253页。

⑦ 刘浦江：《契丹族的历史记忆——以"青牛白马"说为中心》，《松漠之间：辽金契丹女真史研究》，第111页。

⑧ 参见任爱君：《关于契丹族源诸说新析》，《蒙古史研究》（第七辑），第37页。

信息，阴山七骑赤娘子传说的全貌很可能是：阴山七骑于潢水畔得到赤娘子，其中的奚王与赤娘子结合，之后繁衍出契丹族类。按此理解，阴山七骑赤娘子与青牛白马两传说便不再矛盾。自马盂山沿土河而下的白马神人，原型应正是奚王；这也能够解释，作为契丹男性始祖的白马神人，为何会自土河上游的奚境而来。如果说青牛白马传说只是暗示，遥辇时期流行的契丹族源传说中，契丹男性始祖来自奚境，那么阴山七骑赤娘子传说则更明确地透露出，一支奚人势力加入了潢河流域的契丹部族，并占据了统治地位。由于记载的缺失，我们尚不清楚阴山七骑赤娘子传说形成的具体时间，但赤娘子为柴册仪所祭的祖先神之一，而柴册仪又由建立遥辇氏八部联盟的阻午可汗所创设，[1]因此这一传说在遥辇之初应已形成；阴山七骑与赤娘子的结合，当是对遥辇氏八部联盟创建历史的曲折呈现，进一步揭示了遥辇氏与奚的密切关联。

　　总之，借助金人视角，我们观察到遥辇氏存在某种奚人渊源；对名号"遥辇"以及契丹族源传说的分析也表明，唐代契丹经历过一次奚人集团的入主，遥辇氏八部联盟很可能正是在此基础上建立的。囿于史料之不足，本节仅能利用史籍中的蛛丝马迹，对遥辇氏的奚人渊源进行粗线条的勾勒；要进一步论证遥辇氏的奚人族属，并理清奚人如何参与契丹建国，还需从遥辇氏八部联盟形成的历程中寻找线索。

第二节　奚人集团与遥辇氏政权的建立

　　关于契丹遥辇时代的确切起点，史无明文。结合《辽史》所述以及今人观点，遥辇氏八部联盟诞生于唐开元年间，是可突于之乱后，在契丹松漠府残部之上建立起的新政治体。[2]遥辇氏八部联盟的建立与可突于之乱有密切关系，故下文从可突于入手，发掘遥辇建国背后的奚人因素。

---

[1]　《辽史》卷49《礼志一》记载，"阻午可汗柴册仪、再生仪"，第927页。

[2]　参见《辽史》卷34《兵卫志上》，第449页；曾成：《唐代幽营地域的族群与政治——以唐与奚、契丹的互动为中心》，第68-69页。

从两唐书、《册府元龟》及出土墓志来看，可突于的身份有契丹衙官、静析军副使、副相、蕃中郎等。[①]由于身处契丹松漠都督府，可突于多被下意识地视作契丹人。但上述身份，实际只体现他在松漠都督府的职任，而松漠都督府是政治体，任职于其中者未必是契丹人。[②]现有史料皆未明确提及可突于的族属；相反部分记载透露，可突于可能并非契丹人。

《刘元尚墓志》（天宝十三年，754）记载，"奚首领屈突于，侵扰候亭，扰乱军旅"，志主刘元尚"密奉纶诰，勒兵讨之"。[③]"屈突于"即契丹衙官可突于，[④]在墓志中被记载为"奚首领"，与奚联系在了一起。那么此处记载是否是"契丹首领"之误？开元二十二年（734），唐幽州长史张守珪策动契丹内乱，诛杀可突于。事后张九龄作《贺诛奚贼可突干状》，将可突于称作"奚贼"。[⑤]此状与《刘元尚墓志》创作时间相距二十年，作者、文体均不相同，却皆将可突于与奚联系在了一起。有学者指出，契丹与奚在唐代交融颇深，趋于形成一个共同体，以至于唐人将二者合称作"两蕃"。[⑥]那

① 参见《旧唐书》卷8《玄宗纪上》，第195页；《新唐书》卷219《契丹传》，第6170页；《册府元龟》卷975《外臣部·褒异三》，第11455页。《李过折墓志》将可突于记载为"副相"，墓志录文见葛承雍：《对西安市东郊唐墓出土契丹王墓志的解读》，《考古》2003年第9期，第77页。对可突于身份的讨论，多围绕其职任展开，参见李大龙、刘海霞：《唐代契丹的衙官》，《中国边疆史地研究》2012年第3期，第92-94页；曾成：《唐代幽营地域的族群与政治》，第65页。

② 唐代营州城傍羁縻府州的职官中存在较大比例的外族人。参见宋卿：《唐代营州研究》，吉林大学2008年博士学位论文，第121页。

③ 董诰等：《全唐文》卷403《大唐故云麾将军左监门卫将军上柱国彭城县开国公刘府君墓志铭》，中华书局1983年版，第4118页。

④ 可突于在唐人文献中也作"屈突于""屈突干"，如张九龄《敕契丹都督涅礼书》记载"往者屈突干凶恶"，"李过折因众人之忿，诛顽凶之徒"。被李过折所杀的"屈突干"，显即可突于。参见张九龄撰、熊飞校注：《张九龄集校注》，中华书局2008年版，第557页。

⑤ 参见张九龄撰、熊飞校注：《张九龄集校注》，第750页。此状《曲江集》《全唐文》皆题作《贺诛奚贼可突干状》，但《文苑英华》中题作《贺贼自相诛灭状》。按状文提到"感义之士，恶其翻复，背恩之贼，既已诛锄"，将杀可突于的李过折称为"感义之士"。从叙述倾向可知，"贺贼自相诛灭"并非原初状题，而是后世整理者所拟。

⑥ 参见毕德广：《论唐代两蕃的族群认同与构建》，《中央民族大学学报》2021年第1期，第133-139页。

么会不会是"两蕃"趋同，造成了唐人对二者的混淆，以至于将契丹人可突于写作了"奚贼""奚首领"？墓志是一种相对私密的个人表述，[1]并非严格的官方文书，或许存在误记的情况。但《贺诛奚贼可突干状》属正式公文，作者张九龄长期处理东北边事，对两蕃情形颇为熟稔，混淆二者的可能性不大。[2]其实奚与契丹共出一源，在唐代居地相近、言语相通，又"常递为表里"[3]，契丹松漠都督府中完全可能存在部分奚人。可突于所擅立的都督屈列，在达奚珣所作的《张守珪墓志》（开元二十八年，740）中便被称作"奚王屈烈"。[4]达奚珣曾任张守珪幕僚，[5]自称"公（张守珪）之徽猷，实所详悉"，同样不太可能混淆奚、契丹。《张守珪墓志》将可突于党羽屈列记载为奚王，也体现了可突于与奚的密切关联。由此看来，唐人称可突于为"奚首领""奚贼"应非误记，而是对可突于奚人族属的反映。

可突于的奚人身份在《辽史》中亦有呈现。《辽史·太祖纪》记载，辽太祖阿保机为"契丹迭剌部霞濑益石烈乡耶律弥里人"[6]。天赞元年（922），阿保机析迭剌部为五院部、六院部，霞濑益石烈属六院部。《辽史·营卫志》记载"天赞元年，以强大难制，析五石烈为五院，六爪为六院"[7]。可见"五石烈"即五院部，"六爪"即六院部。关于"五石烈""六爪"的含义，《辽史·国语解》记载：

　　　　五石烈：即五院。非是分院为五，以五石烈为一院也。

① 参见仇鹿鸣：《从〈罗让碑〉看唐末魏博的政治与社会》，《历史研究》2012年第2期，第37页。也有学者指出，墓志是一种兼具公开性和私密性的文献。参见卢建荣：《北魏唐宋死亡文化史》，台北：麦田出版社2006年版，第49—51页。

② 张九龄在文书中多次使用"两蕃"一词，但并未因此混淆二者，如《敕幽州节度使张守珪书》提到"两蕃自昔辅车相依，奚既破伤，殆无遗噍；契丹孤弱，何能自全"，对二者有清晰的区分。参见张九龄撰、熊飞校注：《张九龄集校注》，第545页。

③ 《旧唐书》卷199下《契丹传》，第5354页。

④ 参见吴钢主编：《全唐文补遗》（第6辑），三秦出版社1995年版，第63页。

⑤ 李志凡最早揭示这一信息，参见李志凡：《唐张守珪墓志浅释》，《唐研究》（第5卷），北京大学出版社1999年版，第469页。

⑥ 《辽史》卷1《太祖纪上》，第1页。

⑦ 《辽史》卷33《营卫志下》，第436页。

六爪：爪，百数也。辽有六百家奚，后为六院，义与五院同。[1]

六爪前身为六百家奚。与五石烈相对应，"六爪"应指六个奚人石烈。隶属六院部的霞濑益石烈源自六百家奚，意味着辽太祖阿保机也是奚人后裔。[2] 阿保机本人并不避讳奚人后裔的身份，《辽史·耶律曷鲁传》记载：

> 太祖为迭剌部夷离堇，讨奚部，其长术里逼险而垒，攻莫能下，命曷鲁持一笴往谕之。既入，为所执。乃说奚曰："契丹与奚言语相通，实一国也。我夷离堇于奚岂有鞮鞻之心哉？汉人杀我祖奚首，夷离堇怨次骨，日夜思报汉人。顾力单弱，使我求援于奚，传矢以示信耳。……今奚杀我，违天背德，不祥莫大焉。且兵连祸结，当自此始，岂尔国之利乎！"术里感其言，乃降。[3]

曷鲁劝降时提到的"我祖奚首"，学界多认为指奇首可汗，[4] 依据在于"奚首""奇首"音近。[5] 奇首可汗在辽、宋文献中亦作"佶首""吉首"。[6] "奇首""佶首""奚首"向来被视为同音异译。但从中古音看，"奇首""佶首""吉首"音近，但"奚首"与三者差异较大。[7] 从事迹看，《耶律羽之墓志》记载"其先宗分佶首，派出石槐，历汉魏隋唐已来，

---

[1] 《辽史》卷116《国语解》，第1704页。

[2] 需注意的是，辽朝皇族中有一支属五院部。据《辽史》卷64《皇子表》，肃祖长子洽慎"房在五院司"，其余皇族成员皆属六院部，这或由洽慎整合迭剌部所致。洽慎任夷离堇时曾对迭剌部进行整合，即《皇子表》所述"分五石烈为七，六爪为十一"。洽慎可能为加快五石烈与六爪的融合，而将本房迁入五石烈。因此我们才看到，辽朝皇族成员皆属六院部，唯独洽慎一系属五院部。

[3] 《辽史》卷73《耶律曷鲁传》，第1346页。

[4] 参见田广林：《契丹国家产生的上限及其早期发展形态》，《内蒙古社会科学》1999年第2期，第42页；李艳阳：《契丹始祖奇首可汗事迹考》，《辽宁师范大学学报》2008年第1期，第123页。此看法极普遍，不一一列举。

[5] 如任爱君：《关于契丹族源诸说新析》，《蒙古史研究》（第七辑），第42–43页。

[6] 《耶律羽之墓志》将奇首可汗记作"佶首"，参见周阿根：《辽代墓志校注》，第1页。《宣和画谱》中录有耶律倍所作之《吉首并驱骑图》，"吉首"应为奇首可汗。参见俞剑华点校：《宣和画谱》，人民美术出版社2017年版，第150页。

[7] 从中古音看，"奇"见纽支部，"吉"见纽质部，"佶"群纽质部，三者音近；而"奚"匣纽齐部，与三者差异较大。参见李珍华、周长楫：《汉字古今音表》，第39、122、190页。

世为君长"，可见佉首（奇首）是与檀石槐大致同期的东汉人物。[1]但从《耶律曷鲁传》中阿保机"怨次骨""日夜思报汉人"的记载看，奚首距阿保机时代并不遥远。[2]无论从读音还是事迹上看，奚首都不应是奇首可汗。对"奚首"一词，或应从字面含义来理解。毕德广指出，奚首名中有一"奚"字，且在曷鲁说辞中作为奚、契丹的共祖出现，据此推测奚与契丹源自同一族群。[3]我们注意到，曷鲁劝降时先言"契丹与奚言语相通，实一国也"，模糊契丹与奚的边界；接下来才提出"汉人杀我祖奚首"，以此唤起奚人同仇敌忾之心。从前后语境看，奚首当与奚人有密切关系。结合字面含义，"奚首"当作"奚人之首"解。阿保机、曷鲁认奚首为祖，意味着辽皇族承认奚人后裔的身份，这与六院部源自六百家奚形成互证，使我们进一步明确了辽朝皇族的奚人身份。

至于奚首的具体身份，陈述提出"奚首谓太祖先世而为汉人所杀者，疑是可突于"[4]。其实从字面含义来看，"奚首"与前引《刘元尚墓志》中的"奚首领"以及张九龄奏状中的"奚贼"内涵一致。可突于死于唐人之手，距阿保机年代不远，又被唐人视为"奚首领""奚贼"，这些特征与《耶律曷鲁传》中"汉人杀我祖奚首，夷离堇怨次骨""术里感其言，乃降"等记载契合。由此看来，陈述的推测应当无误，奚首正是曾统领契丹、奚反唐，最终死于唐人之手的可突于。

可突于既为奚人，那么他与源出六百家奚的阿保机家族是何关系？他是否真的是阿保机祖先？《辽史·太祖纪》"赞"所载辽皇族祖先谱系如下：

奇首……涅里—毗牒—颏领—耨里思—萨剌德—匀德实—撒剌

---

[1] 关于奇首可汗的身份，学界有鲜卑大人轲比能、宇文鲜卑首领莫那等多种猜测，普遍认为其生活于三国至北魏间。参见任爱君：《关于契丹族源诸说新析》，《蒙古史研究》（第七辑），第44页；李艳阳：《契丹始祖奇首可汗事迹考》，《辽宁师范大学学报》2008年第1期，第123页；杨军：《契丹始祖传说与契丹族源》，《首都师范大学学报》2014年第5期，第1页。

[2] 苗润博已揭示这一信息，参见苗润博：《契丹建国前史发覆——政治体视野下北族王朝的历史记忆》，《历史研究》2020年第3期，第55页。但在此文中，作者仍视奚首为奇首可汗。

[3] 参见毕德广：《论唐代两蕃的族群认同与构建》，《中央民族大学学报》2021年第1期，第137页。

[4] 陈述：《〈辽史〉补注》卷九，中华书局2018年版，第2988页。

的一阿保机^①

其中并无可突于的位置。抛开传说人物奇首可汗，从《辽史》及辽代墓志的记载看，辽人以涅里为现实中的皇族始祖，而涅里与可突于有密切关系。可突于与涅里出自两套记载体系，前者出自中原史书，后者出自辽人记载。据《旧唐书·契丹传》，李过折杀可突于后受封松漠都督，上任当年便"为可突于余党泥礼所杀"^②。"泥礼"与《辽史》中的阿保机始祖"涅里"音近，^③故元人修《辽史》时推测二者为一人。^④近年曾成指出，唐人墓志中提到，唐军平可突于之乱时曾大破契丹"三部落"，创造性地将此信息与《辽史·兵卫志》中"大贺氏中衰，仅存五部""有耶律雅里者，分五部为八"的记载联系在一起，有力地支持了"泥礼"即"涅里"的推测。^⑤由此看来，作为阿保机祖先的涅里，实为可突于之余党。其实可突于余党不唯涅里一人，而是一个群体。张九龄《敕契丹都督泥礼书》记载：

> 往者屈（烈、可）突干凶恶，无心忧矜百姓。……李过折因众人之念，诛顽凶之徒。……过折封王，岂直赏功而已，亦为百姓，众意赖其抚存。不知近日已来，若为非理，亦闻杀害无罪，棒打又多，众情不安，遂至非命。^⑥

过折任都督后"杀害无罪，棒打又多"，以致"众情不安"，最终遇害。《李过折墓志》（永泰二年，766）亦提到"残孽未殄，卒罹于谷。开元廿三年忽以众寡不敌，奄终王事"^⑦。二者合观，契丹部落联盟内对过折

---

① 参见《辽史》卷2《太祖纪下》，第26页。

② 参见《旧唐书》卷199下《契丹传》，第5353页。

③ 张九龄《贺破突厥状》记载"契丹泥礼等，前后斩获俘馘数十万"，《旧唐书》中的"泥礼"此处作"涅礼"，与《辽史》中的"涅里"读音更为相近。参见张九龄撰、熊飞校注：《张九龄集校注》，第752页。

④ 参见《辽史》卷63《世表》，第1057页。《世表》由元代史官所撰，并非辽朝文献。参见苗润博：《〈辽史〉探源》，中华书局2020年版，第53页。

⑤ 参见曾成：《唐代幽营地域的族群与政治》，第58—59页。

⑥ 张九龄撰、熊飞校注：《张九龄集校注》，第557—558页。

⑦ 《李过折墓志》录文见葛承雍：《对西安市东郊唐墓出土契丹王墓志的解读》，《考古》2003年第9期，第77—78页。

不满者并非涅里一人，而是一个群体。从"残孽""可突于余党"等描述看，此群体正是可突于党羽。

由于史料有限，我们仅知涅里为可突于余党，无法确定二人有无血缘关系。从现有记载看，涅里并非可突于集团的核心成员。据《旧唐书·契丹传》，可突于被杀当夜，"过折夜勒兵斩可突于及其支党数十人"[①]；《资治通鉴》记载"过折夜勒兵斩屈烈及可突干，尽诛其党"[②]。可突于集团的核心人员，应在过折起兵当夜便被全歼。后来李过折被唐封为北平郡王，受封制书中有"积年逋诛，一朝荡涤"[③]之语，也说明可突于重要党羽已被诛杀殆尽。涅里得以幸免，说明他并非可突于集团的核心成员，这也意味着他与可突于应无血缘关系。

除可突于本人外，可突于集团最核心的成员是屈列。开元十八年（730），可突于杀松漠都督邵固，立屈列代之。屈列出身成谜，《辽史》称"不知其世系"[④]。《旧唐书·契丹传》记载屈列之前的历代松漠都督时，逐一交代了身份。他们无一例外，皆为窟哥后嗣。"旧传"唯独不提屈列身世，说明他不属窟哥家族。另外从两唐书看，出身窟哥家族的部落联盟首领皆受封松漠都督。即使是可突于擅立的郁于、邵固，也得此封号。屈列则不同，唐敕书称之为"契丹王据埒"[⑤]，《旧唐书》《册府元龟》《资治通鉴》等史籍也只是称其为"契丹王"，从未称其松漠都督。[⑥]可见屈列成为契丹八部首领后，未能得到唐朝的册封。这一境遇与郁于、邵固等形成了鲜明对比，同样说明屈列并非窟哥后嗣。

开元二十二年（734），屈列、可突于死于张守珪策动的契丹内乱。《张守珪墓志》（开元二十八年，740）记载"帐下之士，斩之以降。并奚

---

① 《旧唐书》卷199下《契丹传》，第5353页。
② 《资治通鉴》卷214，开元二十二年十二月乙巳，第6809页。
③ 《册府元龟》卷964《外臣部·封册第二》，第11345页。
④ 《辽史》卷63《世表》，第1057页。
⑤ 张九龄撰、熊飞校注：《张九龄集校注》，第550页。
⑥ 《旧唐书》卷8《玄宗纪上》，第202页；《册府元龟》卷986《外臣部·征讨第五》，11586页；《资治通鉴》卷214，开元二十二年十二月乙巳，第6808页。

王屈烈、蕃酋怒厥娘等同日枭首"①，称屈列为奚王。由于学界以往下意识地将可突于、屈列作为契丹人，故多视此处"奚王"为"契丹王"之误。②但误记之说依据不足，③相反结合前引《刘元尚墓志》《贺诛奚贼可突干状》分别称可突于为"奚首领""奚贼"的案例，《张守珪墓志》称屈列为"奚王"应非舛误，而是屈列奚人族属的体现。另外《张守珪墓志》记载，与可突于、屈列一同被杀的还有"蕃酋怒厥娘"。此人作为代表人物被记入墓志，说明是可突于一党的核心成员。唐代奚有怒皆部，两唐书记载，唐将王忠嗣曾于天宝元年（742）北讨"奚怒皆"④。德宗朝的成德节度使王武俊为奚人出身，⑤两唐书记载其出自"怒皆部落"⑥，同样说明唐中期奚有部落名"怒皆"。"怒皆""怒厥"音近，当属同音异译，这提示我们注意怒厥娘与奚的关联。唐代北族人名结构中无姓氏。《旧唐书·哥舒翰传》记载"蕃人多以部落称姓，因以为氏"⑦，哥舒翰出自突骑施哥舒部落，故以"哥舒"为姓。"怒厥娘"可能也是"部落名+人名"的组合，表明此人为出身怒皆部的奚人。作为可突于核心党羽的怒厥娘，"姓名"中透露出奚人身份，可佐证《张守珪墓志》称屈列为"奚王"并非误记，而是对屈列奚人身份的呈现。可突于杀邵固后抛弃了自窟哥后嗣中择立都督的惯例，而是拥立了同样出身奚人的屈列，不仅终结了窟哥家族对松漠都督府的统治，也开始了奚人集团对契丹八部联盟的统治。

---

① 关于《张守珪墓志》的录文，参见《全唐文补遗》（第6辑），第63页。

② 参见李志凡：《唐张守珪墓志浅释》，《唐研究》（第5卷），第472页；曾成：《唐代幽营地域的族群与政治》，第64页。

③ 李志凡指出，《张守珪墓志》未提契丹，仅言"公始至幽府，属降奚叛亡"，是将可突于与屈列误认作奚首领的体现。张守珪开元二十一年（733）任幽州长史，据《旧唐书·契丹传》，此年可突于入寇，时任幽州长史的薛楚玉命唐军"并领降奚之众追击之"。使役奚人叛变，致使唐军惨败。墓志所言"降奚叛亡"应指此事，而非误契丹为奚。

④ 《旧唐书》卷103《王忠嗣传》，第3198页；《新唐书》卷133《王忠嗣传》，第4552页。

⑤ 王武俊之父路俱，开元年间随奚饶乐都督李诗附唐；王武俊本人早年追随恒州刺史李宝臣，宝臣出身"范阳城旁奚族"。由此看来，王武俊应为奚人。参见《旧唐书》卷142《李宝臣传》，第3871页；《王武俊传》，第3865页。

⑥ 《旧唐书》卷142《王武俊传》，第3871页；《新唐书》卷211《王武俊传》，第5951页。

⑦ 《旧唐书》卷104《哥舒翰传》，第3211页。

可突于、屈列在唐人记载中皆曾被称作奚人，怒厥娘的"姓名"亦透露出奚人特征。种种迹象表明，可突于一党是一支活动于契丹八部联盟中的奚人集团。这支奚人集团在《辽史》中也有呈现。前文提到，辽太祖阿保机所出之六院部，前身为六爪，即六百家奚。《辽史·皇子表》记载，肃祖耨里思（阿保机高祖）长子洽眘任迭剌部夷离堇时"分五石烈为七，六爪为十一"①，说明六爪至迟在肃祖时已存在于契丹部落组织中。关于肃祖的生活年代，《皇朝实录》记载"太祖四代祖耨里思为迭剌部夷离堇，遣将只里姑、括里，大败范阳安禄山于潢水"②。安禄山伐契丹惨败，是在天宝十一年（752）。③由此来看，在开元年间的契丹松漠府八部联盟中，很可能已存在一支被称为六百家奚的奚人集团，可突于、屈列、怒厥娘、涅里等是其中成员。在这一背景下，涅里与可突于在阿保机祖先谱系上的矛盾便可得到解释。曷鲁劝降奚人时无疑要强调双方的共性，并淡化双方的差异，因此需选择一位奚人共同的英雄祖先以凝聚双方。涅里并非可突于集团的核心成员，只是阿保机家族之祖先，对广大奚人并无感召力。于是曷鲁认"奚首领"可突于为祖，借此唤起奚人的同仇敌忾之心。曷鲁冒认祖先之举并非凭空捏造，而是对可突于、涅里同出奚人集团的巧妙利用。

在论证奚人集团的存在后，本书将从契丹八部联盟统治集团的变迁入手，重新审视八部联盟自松漠府时代向遥辇时代的转折，考察奚人集团与契丹建国之间的关系。贞观二十二年（648），契丹八部联盟在窟哥的率领下内附，唐太宗置松漠都督府加以统辖，任窟哥为都督。此后直至开元间，松漠都督基本由窟哥家族成员出任，传承谱系如下：

> 窟哥……尽忠（窟哥之胤）……失活（尽忠从父弟）—娑固（失活之弟）—郁于（娑固从父弟）—吐于（郁于之弟）—邵固（尽忠之弟）④

---

① 《辽史》卷64《皇子表》，第1064页。

② 《辽史》卷63《世表》引《皇朝实录》，第1058页。

③ 参见《旧唐书》卷200上《安禄山传》，第5369页。

④ 参见《旧唐书》卷199下《契丹传》，第5350-5352页。

长期产生松漠都督（同时也是契丹八部联盟长）的窟哥家族，即便最初不是契丹人，应当也逐渐契丹化。贞观二十二年（648），伴随着契丹松漠都督府的建立，奚饶乐都督府也同时建立。前者牙帐居潢河与土河交汇处，后者牙帐位于潢河上游。[1]自高宗朝起，契丹势力范围向潢河上游扩展，逐步侵占奚地。[2]在此过程中，奚人与契丹人不可避免地发生冲突、交流，并出现了杂居和融合的情况。[3]至开元年间，契丹八部联盟中已存在一支奚人势力，可突于、屈列便是其中的核心人物。

自开元六年（718）娑固在位起，可突于主导了契丹八部联盟事务。起初可突于未打破窟哥后嗣出任松漠都督的传统，即使是擅立的郁于、邵固，也属窟哥家族。但在开元十八年（730），可突于杀邵固、立屈列，窟哥家族对八部联盟的统治被终结，取而代之的是以可突于、屈列为首的奚人集团。自此契丹八部联盟统治集团的族属发生了变化。开元二十二年（734），李过折杀屈列、可突于。关于李过折，"旧传"记载为松漠府衙官，与可突于分掌兵马。[4]需注意的是，过折拥有李姓，明显有别于可突于、屈列等无姓之人。曾成指出，过折之姓得自家族传承，而非因诛可突于之功而受赐，由此推测他很可能出自窟哥家族。[5]现有史料中，唐前中期产生过契丹八部联盟首领的家族有摩会家族、窟哥家族、李永定家族，三者皆受赐李姓。[6]

---

① 参见毕德广：《契丹居地变迁考》，《内蒙古社会科学》2020年第2期，第75页；《奚族文化研究》，第29页。

② 参见毕德广：《契丹居地变迁考》，《内蒙古社会科学》2020年第2期，第75页。

③ 毕德广对奚、契丹在这一时期的融合情况已有论述。参见毕德广：《论唐代两蕃的族群认同与构建》，《中央民族大学学报》2021年第1期，第133–139页。

④ 参见《旧唐书》卷199下《契丹传》，第5353页。

⑤ 参见曾成：《唐代幽营地域的族群与政治》，第68页。

⑥ 摩会家族受赐李姓，参见铁颜颜：《北方民族政权融入统一国家的基本路径探析——以〈唐故左屯卫郎将李公墓志铭〉为中心的研究》，《中央民族大学学报》2022年第3期，第170页。窟哥家族的赐姓情况，参见《旧唐书》卷199下《契丹传》。《李永定墓志》记载，李永定曾祖为"皇朝本番大都督兼赤山州刺史"。赤山州隶属松漠都督府，可见李永定家族出自契丹八部联盟，且曾产生八部联盟长。参见吴钢主编：《全唐文补遗》（第5辑），三秦出版社1998年版，第390–391页。

过折拥有李姓，且被唐人称作"蕃中贵种""阴山王之种"①，应出自八部联盟首领家族，或许正是窟哥家族的成员。由于分属契丹贵族与奚人集团，李过折与可突于"争权不叶""内不平"，最终在唐人的引诱下走向火并。②李过折诛杀可突于及其党羽，实质是八部联盟内的契丹贵族对外来奚人集团的反扑。李过折虽尽诛可突于党羽，并受封松漠都督，但八部联盟中的奚人数量众多，仍是不小的隐患，因此便有了唐敕书所言"杀害无罪，棒打又多"之事。李过折的穷追猛打招致了奚人集团的反抗，最终死于涅里之手。对于涅里弑君自擅之举，唐玄宗不仅未予追究，还正式封其为松漠都督。③急于招抚的背后，应当也是着眼于奚人集团的强势。涅里受封松漠都督，意味着对八部联盟的统治得到了唐之承认，契丹八部联盟的统治权自此正式易手。涅里当政后立同宗之迪辇组里为可汗，④奚人集团对八部联盟的统治在短暂"中绝"后得以接续。⑤在涅里、阻午可汗重建的契丹八部联盟中，居统治地位的已非契丹土著，而是奚人后裔。

---

①　"蕃中贵种"见《册府元龟》卷964《外臣部·封册第二》，第11345页；"阴山王之种"见《李过折墓志》，墓志录文见葛承雍：《对西安市东郊唐墓出土契丹王墓志的解读》，《考古》2003年第9期，第77–78页。

②　参见《旧唐书》卷103《张守珪传》，第5353页；《新唐书》卷219《契丹传》，第6171页。

③　涅里杀过折后，玄宗指示张守珪："顷者泥礼自擅，虽以义责，而未有名位，恐其不安。卿可宣示朝旨，使知无他也。"招抚之意显露无遗。不久后涅里在唐敕书中被称为"松漠都督、右金吾卫大将军"，可见被正式任命为了松漠都督。参见张九龄撰、熊飞校注：《张九龄集校注》卷8《敕幽州节度使张守珪书》，第553页；卷9《敕松漠都督涅礼书》，第564页。

④　《辽史》卷61《刑法志上》记载"阻午可汗知宗室雅里之贤"（第1037页），说明阻午可汗与涅里同宗。乌拉熙春根据契丹文墓志的记载指出，遥辇鲜质可汗子孙在辽代属皇族孟父房。参见爱新觉罗·乌拉熙春：《从契丹文墓志看辽史》，松香堂书店2006年版，第14–15页。这同样体现出了遥辇汗族与辽朝皇族的同族渊源。

⑤　萧韩家奴重熙十三年（1044）上疏辽兴宗，提到"先世遥辇可汗洼之后，国祚中绝。自夷离堇雅里立阻午，大位始定"，将涅里立阻午可汗视为遥辇复国。参见《辽史》卷103《萧韩家奴传》。

本章小结

在契丹族群发展的历程中，政治因素发挥了重要作用。契丹族群的塑造，明显受到了契丹政治体的影响。契丹在《魏书》中便已被记载为"契丹国"，与高句丽、于阗、波斯等政权并列，[①]被视为国家。至迟在北齐时期，契丹出现八部联盟政治体。唐松漠都督府的建立，使八部联盟得以稳固，成为唐朝东北边疆的强大政权，进一步吸引或胁迫周边族群加入其中，为契丹族群的壮大创造了条件。唐前中期，一支奚人集团加入松漠府契丹部落联盟，促成了遥辇氏部落联盟和辽朝的建立。

外来群体进入某一政治体后鸠占鹊巢，成为新的统治集团，在历史上并不鲜见。但外来群体在成为统治者后，往往会以自身历史为中心，对集体记忆进行重塑；其外来者的身份，多在这一过程中被抹除。透过史籍中的蛛丝马迹，我们得以发掘出遥辇汗族与辽朝皇族的奚人后裔身份。由于统治家族为外族后裔，遥辇与辽政权皆通过政治手段对契丹族群进行了整合与重塑，使契丹族群的构成发生了变化。本书接下来，便将探讨契丹族群在遥辇及辽朝的演变。

---

① 参见《魏书》卷6《显祖纪》，第155页。

第四章　遥辇与辽政权对契丹族群的重塑

遥辇与辽政权的统治集团为奚人后裔，皆面临着以契丹"新人"的身份统治契丹"土著"的问题，因而在立国之后皆采取政治手段，对契丹族群的内部结构进行了调整。遥辇氏部落联盟建立之初，阻午可汗对所辖部落进行了析分和重整，打破了新、旧契丹人的边界。阿保机夺取遥辇氏汗位后建立"大契丹国"，将"契丹"定为国名，此举既从官方角度确认了契丹的统治族群地位，也表明统治集团的族属认同为契丹。此后辽王朝借助奇首可汗与青牛白马两个契丹始祖传说，将皇族、后族塑造为契丹人，由此以皇族、后族为核心，重新塑造了契丹族群。

第一节　遥辇氏政权对契丹族群的塑造

遥辇氏部落联盟中，由于统治集团属外来族群，因此在建立之初便对诸部进行了混编，此举目的之一应是消弭新、旧契丹人之间的界限。[①]如果说屈列、迪辇祖里担任可汗，只是契丹八部联盟统治集团的族属变化，那么阻午可汗改革就意味着契丹族群的一次大规模融合。阻午可汗改革在《辽史》中被概括为"分三耶律为七，二审密为五"[②]、"分五部为八，立二府以总

---

① 此举或许也是为了恢复契丹八部联盟的传统。至晚自北齐开始，契丹便已出现八部联盟。参见《唐故左屯卫郎将李公墓志铭》，陕西省考古研究院：《陕西省考古研究院新入藏墓志》，第18页。唐松漠都督府亦是在八部联盟基础上建构，可见契丹存在由八部构建联盟的传统。

② 《辽史》卷32《营卫志中》，第431页。

之，析三耶律氏为七，二审密氏为五"[1]，打乱旧部落组织，将契丹人群重新编为迭剌、乙室、品、楮特、乌隗、突吕不、涅剌、突举八部。遥辇氏部落联盟建立于契丹松漠都督府残余势力的基础之上。可突于之乱中，唐军大破"契丹三部落"[2]。《辽史》将此描述为"大贺氏中衰，仅存五部"[3]，此"大贺氏"即松漠都督府。松漠府八部在唐军的打击下仅存的五部，应即所谓的"三耶律"和"二审密"。为何用"耶律"和"审密"来代指五部，我们已不清楚，但二者可能是部落来源的标志，或许是营州之乱中李尽忠、孙万荣两部融合的痕迹。[4]其实此时契丹部落人员来源已较复杂，其中还包含了突厥、奚、渤海人，[5]远不止上述两部分。涅里与阻午可汗"分三耶律为七，二审密为五"，将五部分为十二个单位，并进行混编，结果是"分五部为八"，即在松漠府残余五部基础上重新组建了八部。《辽史》对此过程无直接记载，但《营卫志》中留下了一些线索，使我们可推测其经过：

> （五院部）其先曰益古，凡六营。阻午可汗时，与弟撒里本领之，曰迭剌部。石烈四：大蔑孤石烈、小蔑孤石烈、瓯昆石烈、乙习本石烈。

> （六院部）石烈四：辖懒石烈、阿速石烈、幹纳拔石烈、幹纳阿剌石烈。

> （乙室部）其先曰撒里本，阻午可汗之世，与其兄益古分营而领之，曰乙室部。石烈二：阿里答石烈。欲主石烈。

---

① 《辽史》卷34《兵卫志上》，第449页。
② 相关记载参见《刘思贤玄堂记》，收入胡戟、荣新江主编：《大唐西市博物馆藏墓志》，第553页；亦见《麻令升墓志》，收入吴钢主编：《全唐文补遗》（第七辑），三秦出版社2000年版，第90页。
③ 《辽史》卷34《兵卫志上》，第449页。
④ "审密"发音与"孙"接近，有学者认为二者是同音异译关系。参见舒焚：《辽史稿》，第39页；蔡美彪：《试说辽耶律氏萧氏之由来》，《辽金元史考索》，第67页。"二审密"可能是两个来源于孙万荣麾下的部落，"三耶律"可能是原本由李尽忠统领的三个部落。
⑤ 开元二十一年（733），可突于对抗唐军时纠集了突厥、渤海、奚人协同作战（参见曾成：《唐代幽、营地域的族群与政治——以唐与奚、契丹的互动为中心》，武汉大学2015年博士论文，第80页）。因此遥辇所继承的契丹残部中很可能夹杂了不少当初联合抗唐的外族群成员。

（品部）其先曰挐女，阻午可汗以其营为部。石烈二：北哲里只石烈。南辖懒石烈。

（楮特部）其先曰洼，阻午可汗以其营为部。石烈二：北石烈。南石烈。

（乌隗部）其先曰撒里卜，与其兄涅勒同营，阻午可汗析为二：撒里卜为乌隗部，涅勒为涅剌部。石烈二：北石烈。南石烈。

（涅剌部）其先曰涅勒，阻午可汗分其营为部。石烈二：北塌里石烈。南察里石烈。

（突吕不部）其先曰塔古里，领三营。阻午可汗命分其一与弟航斡为突举部，塔古里得其二，更为突吕不部。石烈二：北托不石烈。南须石烈。

（突举部）其先曰航斡，阻午可汗分营置部。石烈二：北石烈。南石烈。

从中可知，迭剌、乙室原为一部，共六营；品部原为一营；楮特部原为一营；乌隗、涅剌原本共有一营；突吕不、突举原本共领三营。可见，遥辇最初共计五部十二营。"五部"正好对应大贺氏战败后仅存部数，以及"三耶律"加"二审密"之数。"十二营"则恰好对应"三耶律"与"二审密"被析分（分三耶律为七，二审密为五）后的数字。

阻午可汗撤销原有的五个部级单位，将原五部所辖的十二营再进行拆分，组建了迭剌、乙室、品、楮特、乌隗、涅剌、突吕不、突举八部。[①]在这一过程中，原本分属五部的十二营可能进行了混编。我们看到，在单一营基础上建置的部，所下辖的石烈往往为"北石烈"和"南石烈"，如乌隗、楮特、突举三部。石烈名中的"北""南"可能反映了二者同出一源的信息。品部中有石烈名为"南辖懒"，此石烈可能与迭剌部的"辖懒"石烈同源。迭剌部辖懒石烈为阿保机家族所出之石烈，可能源自六百家奚，拥有奚

---

① 《辽史·营卫志》有"阻午可汗二十部"之说，但相关材料应由元代史官拼凑而来，阻午可汗所组建的仅为迭剌等八部。参见李桂芝：《契丹大贺氏遥辇氏联盟的部落组织——〈辽史·营卫志〉考辨》，收入蔡美彪主编：《庆祝王锺翰先生八十寿辰学术论文集》，第402–405页。

人血统。这或许体现出阻午可汗在重组八部时，将奚人散入了契丹人中，以消除族属边界、实现族群融合。

第二节　辽政权对契丹族群的塑造

经过阻午可汗的部落重组，契丹人不分新旧皆编入八部之中。八部之上又设二府，分别由南、北府宰相管辖。由此，遥辇可汗将下辖人口纳入府、部、石烈的编制，[①]使之成为遥辇氏政权的"编户齐民"。我们看到，遥辇时期的契丹族群，实际是靠政治手段来凝聚的，族群的政治体特性较为明显。[②]辽政权对契丹族群的塑造亦是如此。

前文已述，辽政权的统治集团存在二族共治之特征，以皇族、后族为核心。辽朝皇族、后族皆呈现出了外族后裔的特征，辽政权对契丹族群的重塑，也是围绕皇族、后族的契丹化而展开的。

一、辽政权对皇族祖先身份的重塑

涅里与阻午可汗在松漠府残余五部的基础上重建八部组织，其中最强大的迭剌部由涅里掌控，[③]由此在遥辇氏八部联盟中形成了两个权力核心——可汗与迭剌部夷离堇。[④]遥辇氏部落联盟两个权力核心皆出身奚族，但他们似未掩饰外来身份。可汗家族以"遥辇"这一带有奚人色彩的名词为名号；曷鲁、阿保机在劝降奚人时认"奚首"为祖，并称契丹与奚"实一国"，说明在遥辇末期，涅里的后人仍认同奚人后裔的身份；而昭古牙、耶律涂山在

---

① 契丹部族单位"石烈"至迟在遥辇时期就已出现。也有学者认为，契丹"部"分"石烈"的历史可上溯至松漠府时代。参见杨军：《契丹部族组织中的石烈》，《黑龙江社会科学》2011年第6期，第104页。

② 关于政治体视角下族群的形成问题的研究，参见胡鸿：《能夏则大与渐慕华风——政治体视角下的华夏与华夏化》，北京师范大学2017年版，第2-19页。

③ 《辽史》卷32《营卫志中》记载"辽始祖涅里立迪辇祖里为阻午可汗。……部落凋散，即故有族众分为八部。涅里所统迭剌部自为别部，不与其列"，第430页。

④ 关于遥辇氏部落联盟的双核心权力结构，参见冯科：《契丹早期历史若干问题研究》，第108-114页。

金初被视为奚人,更说明遥辇氏终辽一朝都未消除奚人印记。

907年,阿保机"燔柴告天,即皇帝位"[①],结束了遥辇氏的统治。但阿保机即位伊始未创建国号,反而"诏皇族承遥辇氏九帐为第十帐"[②],将本家族作为与遥辇九可汗家族并列的第十帐。此举表明,阿保机907年即位的继承性大于革命性,形式上延续了遥辇氏政权。直至916年,阿保机在平诸弟之乱后建元称帝,定国号"大契丹",[③]才真正完成易代建国。如果说"遥辇"多少保留了奚人印迹,那么"大契丹"这一国号则昭示着契丹在辽朝诸族群中的核心地位。居"大契丹国"统治地位的阿保机家族,无疑自视为契丹人。[④]那么辽朝皇族是如何掩饰奚人后裔的身份,从而将自身塑造为"自古以来"的契丹人的?下文将从辽代契丹族源传说和官方祭祀的角度,对辽朝皇族的契丹化展开讨论。

辽朝官方认同的皇族祖先为奇首可汗。《辽史·太祖纪》记载,阿保机平诸弟之乱时曾"登都庵山,抚其先奇首可汗遗迹"[⑤];《太祖纪》"赞"也记载"辽之先,出自炎帝,世为审吉国,其可知者盖自奇首云",并提供了"奇首……雅里—毗牒—颏领—耨里思—萨剌德—匀德实—撒剌的—阿保机"的世系。[⑥]从此世系看,奇首可汗只是阿保机之祖,而非契丹族群的共同祖先。阿保机家族成为皇族后,奇首可汗的形象开始向契丹共祖演变。会同四年(941)二月丁巳,辽太宗"诏有司编《始祖奇首可汗事迹》"[⑦]。有学者认为,此举是通过官方修史将辽朝皇室始祖确立为整个契丹集团的共祖。[⑧]由于记载简略,我们无法弄清太宗撰修奇首事迹的确切动机,但官方

① 《辽史》卷1《太祖纪上》,第3页。

② 《辽史》卷1《太祖纪上》,第3页。

③ 参见刘浦江:《辽朝国号考释》,《松漠之间:辽金契丹女真史研究》,第30页。

④ 从曷鲁劝降奚人的言辞看,曷鲁、阿保机虽认奇首为祖,但已自视为契丹人。参见《辽史》卷73《耶律曷鲁传》,第1346页。

⑤ 《辽史》卷1《太祖纪上》,第26页。

⑥ 参见《辽史》卷2《太祖纪下》,第8页。

⑦ 《辽史》卷4《太宗纪下》,第83页。

⑧ 参见苗润博:《契丹建国前史发覆——政治体视野下北族王朝的历史记忆》,《历史研究》2020年第3期,第61页。

修史应至少提高了奇首可汗的地位。刻于会同五年（942）的《耶律羽之墓志》记载：

> 公讳羽之，姓耶律氏。其先宗分佶首，派出石槐，历汉、魏、隋、唐以来，世为君长。[①]

耶律羽之系出皇族，为奇首可汗后裔；但墓志中的奇首可汗，已不只是皇族祖先。"宗分佶首，派出石槐"，意即奇首出自檀石槐统领的鲜卑部落联盟；"历汉、魏、隋、唐以来，世为君长"则将奇首生活年代置于东汉，时间上远早于契丹族群的出现。《耶律羽之墓志》的表述，实质上已将奇首可汗描述为了契丹族群之始祖。可见至迟在太宗朝，辽朝皇族祖先已演变为契丹始祖，这一演变可能正是随着会同四年《始祖奇首可汗事迹》的编订而完成。奇首可汗作为契丹始祖的身份，在《辽史·营卫志》中有更直观的体现：

> 契丹之先，日奇首可汗，生八子。其后族属渐盛，分为八部，居松漠之间。今永州木叶山有契丹始祖庙，奇首可汗、可敦并八子像在焉。潢河之西，土河之北，奇首可汗故壤也。[②]

引文出自耶律俨《皇朝实录·部族志》，[③]是目前所见最早的奇首可汗事迹。其中称奇首八子衍生八部，无疑是将奇首可汗作为了契丹八部之祖。供奉奇首可汗的场所为"契丹始祖庙"，也说明奇首可汗当时已不只是辽皇族之祖先，而是被塑造为了全体契丹人的男性始祖。

奇首可汗形象由皇族祖先向契丹男性始祖的转变，显然与白马神人形象产生了冲突。在青牛白马传说中，后者才是契丹的男性始祖。因此有学者认为，奇首可汗就是白马神人。[④]但我们注意到，前引《皇朝实录》的记载中，奇首可汗自"潢河之西，土河之北"而来。潢河为东西流向，土河为西南—东北流向，所谓"潢河之西，土河之北"，意即潢河上游。此"奇首可

---

① 参见周阿根：《辽代墓志校注》，第1页。

② 《辽史》卷32《营卫志中》，第428页。

③ 参见杨军：《契丹始祖传说与契丹族源》，《首都师范大学学报》2014年第6期，第2–3页。

④ 参见刘浦江：《契丹族的历史记忆——以"青牛白马"传说为中心》，《松漠之间：辽金契丹女真史研究》，第103–104页。

汗故壤"的方位，明显有异于奇首可汗真正的故壤——都庵山。[①]而在青牛白马传说中，自潢河上游而来的，是"由平地松林泛潢河而下"[②]的青牛仙女。可见辽朝在将奇首可汗塑造为契丹男性始祖时，形象参考的是青牛白马传说中的女性始祖青牛仙女，而非男性始祖白马神人。换言之，在辽朝木叶山的契丹始祖庙中，仅有青牛仙女借由奇首可汗的形象在场，而白马神人却神秘消失。这种反常现象，在辽代契丹贵族墓志以及官方祭祀中均有体现。

刘浦江指出，青牛白马传说在辽代墓志中两次出现，即《兴宗仁懿皇后哀册》（大康二年，1076）"昔年偶圣，仙軿从水以下流；今日辞凡，龙辔拂霄而高驾"，以及《耶律宗愿墓志》（咸雍八年，1072）"越自仙軿，下流于潢水，肇发瑶源"。[③]苗润博注意到，两墓志中都只出现了青牛仙女，而无白马神人。[④]仁懿皇后与述律后系出一族，而耶律宗愿则为辽圣宗之子，二人分别为辽朝后族、皇族的核心成员。青牛白马传说在辽中后期尚流行于契丹社会，[⑤]但在体现辽朝官方态度的木叶山契丹始祖庙以及皇族、后族墓志中，只能看到青牛仙女的痕迹，却见不到白马神人。男性始祖的缺席，在辽朝柴册仪中有更直接呈现。王易《燕北录》记载，辽道宗清宁四年（1058）的柴册仪中，祭祀次序为：

> 先望日四拜，次拜七祖殿、木叶山神，次拜金神，次拜太后，次拜赤娘子，次拜七祖眷属。[⑥]

柴册仪所祭诸神中，有阴山七骑赤娘子传说中的契丹女性始祖赤娘子，

① 都庵山位于上京以北的大兴安岭南麓，参见任爱君：《关于契丹族源诸说新析》，《蒙古史研究》（第7辑），第42页；杨军：《契丹始祖传说与契丹族源》，《首都师范大学学报》2014年第6期，第3—4页；苗润博：《契丹建国前史发覆——政治体视野下北族王朝的历史记忆》，《历史研究》2020年第3期，第47页。

② 《辽史》卷37《地理志一》，第504页。

③ 参见刘浦江：《契丹族的历史记忆——以"青牛白马"说为中心》，《松漠之间：辽金契丹女真史研究》，第100—101页。墓志录文，参见周阿根：《辽代墓志校注》，第365、384页。

④ 参见苗润博：《"青牛白马"源流新论》，《北京大学学报》2022年第3期，第103页。

⑤ 关于青牛白马传说在辽朝的流传时间段，参见杨军：《契丹始祖传说与契丹族源》，《首都师范大学学报》2014年第6期。

⑥ 王易：《重编燕北录》，收入陶宗仪：《说郛三种》卷38，第645—646页。

却没有男性始祖阴山七骑。①《燕北录》还提到，赤娘子的木雕"常时于木叶山庙内安置，每一新戎主行柴册礼时，于庙内取来作仪注，第三日送归本庙"②。赤娘子作为日常祭祀的对象，被供奉于木叶山的契丹始祖庙内，可见在辽朝的官方祭祀中拥有较高的地位。而作为契丹男性始祖的阴山七骑，则不属柴册仪祭祀对象，也不见于木叶山的契丹始祖庙，这与白马神人在辽朝贵族墓志中的消失如出一辙，皆反映出，契丹族源传说中的男性始祖在辽朝官方祖先叙述中的缺席。前文已述，在阴山七骑赤娘子与青牛白马两传说中，契丹男性始祖为奚人形象。男性始祖在皇族墓志及柴册仪中的缺席，当与此外族身份有关，是辽朝皇族着力消除奚人后裔身份的结果。

辽朝以"契丹"为国号，作为契丹国家核心的辽朝皇族，也应是契丹族群之核心。然而辽朝皇族为奚人后裔，因此便出现了一场官方主导的历史记忆改造：皇族祖先奇首可汗被塑造为契丹族群之祖先，供奉于契丹始祖庙；将阴山七骑赤娘子与青牛白马两传说中的女性始祖纳入国家祭祀体系，并将体现出奚人特征的男性始祖排除在外，从而掩饰了辽朝皇族的奚人后裔身份。由此，辽朝皇族在成为契丹国家的核心之外，又通过将家族祖先改造为族群祖先，将自身塑造为了契丹族群之核心；而契丹族群也在这一改造过程中，完成了以皇族为核心的重塑。

二、辽政权对后族身份的塑造

辽朝后族的外来身份在汉文史籍中有直接记载。前文提到，辽朝后族主要分为父系血缘不同的两部分——述律后父族和述律后母前夫之族。这两大后族皆带有外族属性。

述律后父族的外族属性在《辽史》中有直接体现，《后妃传》记载：

> 太祖淳钦皇后述律氏，讳平，小字月理朵。其先回鹘人糯思，生魏宁舍利，魏宁生慎思梅里，慎思生婆姑梅里，婆姑娶匀德恝王女，生后

---

① 道宗朝柴册仪所祭七祖为太祖、太宗、世宗、穆宗、景宗、圣宗、兴宗，并非阴山七骑。参见王易：《重编燕北录》，收入陶宗仪：《说郛三种》卷38，第645–646页。

② 王易：《重编燕北录》，收入陶宗仪：《说郛三种》卷38，第646页。

于契丹右大部。婆姑名月椀，仕遥辇氏为阿扎割只。①

述律后父系祖先来自回鹘，直至四世祖糯思还保留着回鹘族属。值得注意的是，述律后曾祖父为舍利，祖父和父亲为梅里。"舍利"原本是突厥社会中用于可汗近亲、贵族群体的尊称，继突厥兴起的回鹘也将其用作贵族阶层的尊称。②"梅里"很可能源自回鹘，原意为"国王侍从""相"。③"舍利""梅里"皆带有明显的回鹘印记，为契丹贵族的政治名号。天宝年间，回鹘取代突厥称霸漠北草原，逐步将契丹纳入自己的势力范围。会昌二年（842）契丹可汗屈戍统治期间，尚在使用回鹘授予的官印。④述律后生于公元878年，其四世祖糯思生活年代正好为契丹依附回鹘时期。回鹘在授予契丹官印的同时，可能也委派部分人员常驻契丹以进行管理和监督。糯思应当就是在这一背景下进入契丹的回鹘人；其家族进入契丹的历史，也是回鹘影响契丹历史的缩影。⑤回鹘背景应当赋予了糯思家族较高的地位，魏宁、慎思、婆姑皆拥有"舍利""梅里"等贵族名号，而且还得以与契丹世选迭刺部夷离堇的玄祖家族通婚。至述律后一代，此家族的回鹘特征逐渐褪去。⑥但其祖先自回鹘而来，在辽初应人尽皆知，故能被记入史书。

述律后母前夫家族（敌鲁家族）的族属，汉文史籍中缺少直接记载，仅能根据有限资料进行猜测。契丹小字《萧太山将军永清郡主墓志》记载：

---

① 《辽史》卷71《后妃传》，第1319页。
② 参见孙昊：《说"舍利"：兼论契丹、靺鞨、突厥的政治文化互动》，《中国边疆史地研究》2014年第4期，第54–55页。
③ 参见杨富学：《回鹘语文对契丹的影响》，《民族语文》2005年第1期，第63–64页。
④ 参见《新唐书》卷219《契丹传》，第6172页。
⑤ 关于回鹘人、回鹘文化对契丹建国的影响，参见王小甫：《契丹建国与回鹘文化》，《中国社会科学》2004年第4期，第186–202页。
⑥ 《辽史》卷64《皇子表》记载，"回鹘使至，无能通其语者，太后谓太祖曰：'迭剌聪敏可使。'遣迓之。相从二旬，能习其言与书"，第1070页。可见至遥辇末期，述律后家族已无人会说回鹘语。

（第二行）

迭剌　部　斡纳拨　石烈之　拔里　郎君之

（第三行）

解里　郎君之　子　敌辇　敌鲁　宰相

（第三行）　①

解里　郎君之　先祖　胡母里

　　第三行中的敌辇·敌鲁宰相，即述律后异父之兄萧敌鲁。[2]此句讲述阿保机即汗位后以萧敌鲁、阿古只、室鲁兄弟总领腹心部，与《辽史·萧敌鲁传》所记基本吻合。[3]可见拔里解里郎君就是萧敌鲁之父，也即述律后之母的前夫。第三行接下来提到拔里解里郎君的先祖为胡母里，也可与《辽史·萧敌鲁》"五世祖曰胡母里"的记载相印证。墓志第二行提到，拔里解里属迭剌部斡纳拨石烈，从《辽史·营卫志》的记载看，该石烈在天赞元年（922）后隶属六院部。前文提到，六院部之名得自"六百家奚"，其中应包含了不少奚人后裔，阿保机家族便是其中之一。述律后母前夫家族所在石烈属六院部，或许也出自六百家奚。

　　在辽朝两大后族之中，述律后父族可确定为回鹘后裔，母前夫之族则可能为奚人后裔。上节已述，辽朝建立后，着力将皇族祖先塑造为契丹始祖，以消除皇族成员的外族身份，那么对于外族身份更为明显的后族，辽政权又是怎样将其融入契丹族群之中的呢？

　　与血统单一的辽朝皇族不同，辽朝后族并非一个拥有共同血缘的家族，单是其核心组成部分——述律后父族及母前夫家族——就已经包含了两种不

---

① 《萧太山将军永清郡主墓志》，参见清格尔泰等：《契丹小字再研究》（第二卷），第1316–1317页。

② 《辽史》卷73《萧敌鲁传》记载"萧敌鲁，字敌辇"，第1349页。《辽史》中的"字"实际是契丹人的"第二名"，萧敌鲁契丹语全名直译为"敌辇·敌鲁"。

③ 唯一的差异为《辽史》误将萧室鲁的姓氏记作"耶律"。参见《辽史》卷73《萧敌鲁传》，第1349页。

同的父系血缘，更何况后族中还有出自二族之外的人员。[①]因此若要将后族塑造为"自古以来"的契丹人，首先需要将其塑造为一个拥有共同血缘的整体。从辽代的汉文墓志看，后族"一族化"至迟在圣宗朝就已开始。刻于辽圣宗统和十一年（993）的《韩匡嗣妻萧氏墓志》记载：

> 若夫天街之北，皇家建其国；斗极之下，王者有其位。唯兹萧氏，世称茂族。或为后，或为妃，或为夫人，皆出此一宗。枝叶芬馥，源派灵长，则绵绵不绝矣。[②]

圣宗朝的后族已包含了多个家族，但墓志称"唯兹萧氏，世称茂族。或为后，或为妃，或为夫人，皆出此一宗"，将全体后族人员皆视为出自一宗的血亲，塑造为一个萧氏家族。[③]这种后族"一族化"的书写，在统和二十七年（1009）《萧氏夫人墓志》中也有呈现：

> 故夫人萧（蕭）氏者，其姓自有国肇基，夫人惟一以继体永祧之茂，本枝百代之繁。洎玉树分柯，银河析派，蝉联结凤，俱出同宗，迭代贤豪，固无异姓，故世出帝族为萧（蕭）氏。[④]

此墓志亦将后族描述为一个"俱出同宗"的群体。可见在圣宗统和年间，辽朝后族已被塑造为一个拥有共同血缘的家族。

辽代墓志所体现的后族"一族化"趋势，在辽代官方文献中亦有呈现。《辽史·后妃传》中，契丹出身的后妃除述律后外，皆被称为萧氏：

肃祖昭烈皇后萧氏	懿祖庄敬皇后萧氏	玄祖简献皇后萧氏
德祖宣简皇后萧氏	太祖淳钦皇后述律氏	太宗靖安皇后萧氏
世宗怀节皇后萧氏	穆宗皇后萧氏	景宗睿智皇后萧氏
圣宗仁德皇后萧氏	圣宗钦哀皇后萧氏	兴宗仁懿皇后萧氏
兴宗贵妃萧氏	道宗宣懿皇后萧氏	道宗惠妃萧氏

---

① 如辽世宗即位后，因母族不属述律后父族及母前夫家族，故于天禄元年（947）"以太后族剌只撒古鲁为国舅帐"，此新国舅帐即国舅别部。参见《辽史》卷5《世宗纪》，第72页。

② 《韩匡嗣妻萧氏墓志》，周阿根：《辽代墓志校注》，第78页。

③ 韩匡嗣之妻秦国太夫人并非辽后族成员，而是出自迭剌部瓯昆石烈。参见爱新觉罗·乌拉熙春：《从契丹文墓志看辽史》，松香堂书店2006年版，第30页。

④ 《萧氏夫人墓志》，周阿根：《辽代墓志校注》，第135页。

天祚皇后萧氏　天祚德妃萧氏　天祚文妃萧氏　天祚元妃萧氏

《辽史》虽由元代史官编纂，但卷71《后妃传》序言中提到"耶律俨、陈大任《辽史·后妃传》大同小异，酌取其当著于篇"①，可见耶律俨《皇朝实录》有《后妃传》，应是元修《辽史·后妃传》的史源。元人修《辽史·后妃传》时自《皇朝实录·后妃传》中"酌取其当著于篇"，可见前者是对后者的截取，应大致保留了后者之原貌。辽代后妃皆为萧氏的现象，在《皇朝实录》应已出现。耶律俨《皇朝实录》纂成于道宗末年，②为官修国史。如果说前引墓志中后族皆姓萧，或许只是带有自发性的个体行为，那么官方文献《皇朝实录》也出现同样的书写方式，则说明辽后族成员皆为萧姓得到了官方的承认，且很可能是官方塑造的结果。

总之，至迟在辽中期的圣宗朝，后族已被塑造为了一个拥有共同血缘的家族。借此，辽朝在唯一的皇族之外又出现了"唯一"的后族，这为塑造后族的族属身份创造了条件。辽朝后族族属身份的改造，同样是借助契丹起源传说来完成的。辽中后期，单一祖先的奇首可汗起源传说逐渐式微，二元祖先的青牛白马传说开始成为主流的契丹起源传说。③

关于青牛白马传说，《辽史·地理志》记载：

> 相传有神人乘白马，自马盂山浮土河而东，有天女驾青牛车由平地松林泛潢河而下。至木叶山，二水合流，相遇为配偶，生八子。其后族属渐盛，分为八部。④

相较于奇首可汗传说将契丹族源追溯至一位英雄祖先，青牛白马传说将契丹族源追溯至青牛和白马二神。前文已述，早在会同年间，辽太宗可能

---

① 《辽史》卷71《后妃传》，第1318页。

② 耶律俨《皇朝实录》纂成于道宗末年。参见刘浦江：《中华书局点校本〈辽史〉修订前言》，收入包伟民、刘后滨主编：《唐宋历史评论》（第一辑），社会科学文献出版社2015年版，第159页。

③ 杨军指出，奇首可汗说至10世纪一直流行于契丹上层社会，但11世纪后逐渐罕为人知，青牛白马说开始大为流行。参见杨军：《契丹始祖传说与契丹族源》，《首都师范大学学报》2014年第6期，第3页。

④ 《辽史》卷37《地理志一》，第504页。

就已借助奇首可汗传说来将契丹皇族塑造为契丹始祖后裔。但奇首可汗作为单一族源的起源传说，无法用以改造后族祖先的族属身份。而辽朝存在帝、后二族共治之特征，后族作为统治集团的重要组成部分，同样需要塑造自身"自古以来"契丹人的身份。在此情形下，二元族源的青牛白马起源传说便被用以赋予后族祖先契丹始祖的身份。辽朝后族与青牛白马传说交集，在《辽史·后妃传》中有所呈现：

> 后（述律后）简重果断，有雄略。尝至辽、土二河之会，有女子乘青牛车，仓卒避路，忽不见。未几，童谣曰："青牛妪，曾避路。"盖谚谓地祇为青牛妪云。①

这则关于述律后的传说，明显借用了青牛白马传说中的某些元素。"辽、土二河之会"即青牛白马传说中的二神相遇之地，"青牛妪"显然指青牛仙女。康鹏指出，青牛妪避路的传说可能由述律后编造，目的是将自身地位凌驾于传统的契丹女性先祖之上，宣示自己作为新地祇，已然取代了旧地祇青牛妪。②这一解读极具启发意义，虽然我们无法断言此传说是否为述律后本人编造，但它出现于《辽史·后妃传》，说明在《皇朝实录》中很可能已经存在。作为契丹女性始祖的青牛妪为回鹘后裔述律后避路，或许体现出辽政权以后族取代青牛白马传说中的契丹女性始祖的意图。这种意图在前引《兴宗仁懿皇后哀册》（大康二年，1076）中体现得更为直接，哀册化用青牛白马典故，提到"昔年偶圣，仙軿从水以下流；今日辞凡，龙辔拂霄而高驾"③。从水而下的仙軿，即传说中泛潢水而下的女神所驾之青牛车。④兴宗仁懿皇后为阿古只之裔，属于拥有回鹘血统的述律后父族。但在仁懿皇后哀册中，青牛白马传说被用于夸赞仁懿皇后的高贵身世，青牛妪直接成了辽后族的化身。借助青牛白马传说，辽后族将自身攀附为契丹两大族源中的一支，隐去了自己源自回鹘且较晚加入契丹族群的事实，从而将自己融入了契

---

① 《辽史》卷71《后妃传》，第1319—1320页。

② 参见康鹏：《契丹小字"地皇后"考》，《西北师大学报》2016年第5期，第110页。

③ 《兴宗仁懿皇后哀册》，周阿根：《辽代墓志校注》，第384页。

④ 参见刘浦江：《契丹族的历史记忆——以"青牛白马"说为中心》，《松漠之间——辽金契丹女真史研究》，第100—101页。

丹族群之中。

本章小结

　　契丹族群的形成、演变在很大程度上受到政治因素的影响。由于契丹早期史料的缺乏，对于北魏时期的"契丹"，我们无法区分究竟是族群还是政治体。但至迟在北齐时期，已有诸多族属为契丹的政治体存在。其中一个下辖八部的政治体，逐渐脱颖而出，成为契丹族群之代表。由此八部联合体发展而来的遥辇氏部落联盟以及辽王朝，深刻影响了契丹族群的构成和形态，使契丹族群随着契丹政治体的演变而发生变化。

　　罗新指出"一切出现在历史视野里的所谓民族，都是政治体，都是以政治关系和政治权力为纽带构建起来的社会团体，尽管这种团体总是要把自己打扮成以血缘关系为基础的、具有生物学意义上紧密联系的社会群体"[①]。这一说法虽略显绝对，但对契丹族群的形成颇具解释力。由于史料不足，特别是缺乏体现契丹人主观族属认同的材料，我们无法抛开政治体而观察契丹族群。从政治体的视角入手，我们才能对契丹族群的生成、发展略窥一二。但受限于史料，本书对契丹族群的探讨仅聚焦于契丹族群之核心，对于契丹族群的范围、边界，则有待进一步探索。

---

　　① 罗新：《中古北族名号研究》，北京大学出版社2009年版，第1–2页。

结　语

本书聚焦于契丹政治体与契丹族群，采取政治史的研究方法，对二者的形成过程以及二者间的互动关系进行了研究。

辽朝是一个皇权国家，这不仅是因为辽朝统治者采用"皇帝"名号，更是因为在政治体内部形成了专制集权的权力结构。中国古代皇权以专制集权为特征，皇权国家中不存在任何堪与皇权分庭抗礼的力量。皇权自诞生起经历了漫长的发展，强弱起伏不定，但专制集权的特征未发生过根本性改变。然而北族政治体中并不存在专制集权的传统，汗权在专制集权程度上远不及中原皇权。契丹皇权的产生经历了一个较长的过程。从北魏时期松散的东北群狄，到北齐时期的八部联盟，再到唐代的松漠都督府，契丹政治体首领的地位日渐稳固。至松漠府时期，部落联盟长稳定地出自同一家族，八部选汗的情形再未出现。但这一发展趋势因可突于之乱而中断，取代松漠都督府的遥辇氏八部联盟中，出现了可汗与迭剌部夷离堇两个权力核心。遥辇末期，阿保机将两大权力核心集于一身，于907年易代建国，使用皇帝称号，并于922年析分迭剌部，建立起单核心的权力结构，契丹皇权自此得以确立。

作为由契丹建立的北族皇权国家，辽朝皇权与中原皇权又存在某些差异。在辽朝国家中，皇帝虽是最高权力核心，但以皇族、后族为核心的世家大族，始终对辽朝政治有着重大影响力，因而辽朝统治集团呈现出了"二元性"特征。这也导致辽朝在皇权政治之外，又保留了部分贵族政治的色彩。辽朝统治集团的二元性，是由辽朝特殊的建国方式决定的。辽太祖耶律阿保机在创业建国的历程中，所凭借的亲信集团主要由宗室与外戚构成，所构建的权力网络便带有二元性色彩。在平定诸弟之乱的过程中，阿保机又依赖后族以镇压皇族叛党，这就导致了后族势力的进一步膨胀。后族在阿保机建国历程中的深度参与，决定了其在辽朝地位的稳固。皇族与后族之间的博弈、合作贯穿辽朝始终，塑造了辽朝帝、后二族共治的独特政治格局。

辽朝由契丹人建立的契丹国家。终辽一朝，"契丹"始终是辽朝国号的核心构成元素。因而辽朝呈现出了"国""族"一体之特征，作为契丹政治体核心的辽朝统治家族，也应当是契丹族群之核心。唐开元时期，奚人出身的衙官可突于在松漠都督府中占据了主导地位。遥辇时期，奚人集团鸠占鹊巢，成了契丹政治体的核心。遥辇氏部落联盟建立之初，阻午可汗与涅里主导了部落重组，重建了契丹八部，契丹族群在这一过程中得到了重新整合，遥辇汗族及迭剌部夷离堇家族的外族身份也随之淡化。值得注意的是，遥辇可汗可能并不避讳自身的外来身份，这在政治体名号"遥辇"中有所体现。但阿保机夺取汗位、建立政权后，以"大契丹"为国号，明确了契丹在新政权中统治族群的地位。在此情形下，抹除外族后裔的身份，将自身塑造为"自古以来"的契丹人，对辽朝统治集团来说便尤为重要。通过将奇首可汗改造为契丹八部之共祖，并抹去青牛白马起源传说中以奚人形象出现的白马神人，辽王朝将皇族祖先塑造为了契丹族群之祖先；通过将后族祖先比附为青牛白马传说中的青牛女神，后族祖先也被塑造为契丹始祖之一。经过对契丹族源传说的改造和利用，辽朝皇族、后族确立了在契丹族群中的核心地位；在这一过程中，契丹族群也完成了以皇族、后族为核心的重塑。

参考文献

一、古籍

［1］（西汉）司马迁. 史记［M］. 北京：中华书局，2014.

［2］（南朝宋）范晔. 后汉书［M］. 北京：中华书局，1965.

［3］（北齐）魏收. 魏书［M］. 北京：中华书局，2017.

［4］（唐）魏征，等. 隋书［M］. 北京：中华书局，1973.

［5］（唐）李延寿. 北史［M］. 北京：中华书局，1974.

［6］（唐）张九龄. 曲江集［M］. 刘斯翰，校注. 广州：广东人民出版社，1986.

［7］（唐）李林甫，等. 唐六典［M］. 陈仲夫，点校. 北京：中华书局，2014.

［8］（后晋）刘昫，等. 旧唐书［M］. 北京：中华书局，1975.

［9］（北宋）王溥，等. 唐会要［M］. 北京：中华书局，1955.

［10］（北宋）薛居正，等. 旧五代史［M］. 北京：中华书局，2015.

［11］（北宋）王钦若，等. 册府元龟［M］. 北京：中华书局，1960.

［12］（北宋）李昉，等. 文苑英华［M］. 北京：中华书局，1966.

［13］（北宋）欧阳修、宋祁. 新唐书［M］. 北京：中华书局，1975.

［14］（北宋）欧阳修. 新五代史［M］. 北京：中华书局，2015.

［15］（北宋）司马光. 资治通鉴［M］. 北京：中华书局，2012.

［16］（北宋）范镇. 东斋记事［M］. 北京：中华书局，1980.

［17］（南宋）李焘.续资治通鉴长编［M］.北京：中华书局，2004.

［18］（南宋）叶隆礼.契丹国志［M］.贾敬颜，林荣贵，点校.上海：上海
　　　古籍出版社，1985.

［19］（元）脱脱，等.辽史［M］.北京：中华书局，2016.

［20］（元）脱脱，等.金史［M］.北京：中华书局，2020.

［21］（清）赵翼.廿二史劄记［M］.曹光甫，点校.北京：中华书局，1984.

［22］（清）董诰，等.全唐文［M］.北京：中华书局，1983

二、石刻墓志

［1］吴钢.全唐文补遗（第七辑）［M］.西安：三秦出版社，2009.

［2］胡戟、荣新江.大唐西市博物馆藏墓志［M］.北京：北京大学出版社，
　　　2012.

［3］清格尔泰、吴英喆、吉如何.契丹小字再研究［M］.呼和浩特：内蒙古
　　　大学出版社，2017.

［4］陕西省考古研究院.陕西省考古研究院新入藏墓志［M］.上海：上海古
　　　籍出版社，2019.

［5］周阿根.辽代墓志校注［M］.天津：天津古籍出版社，2022.

三、研究著作

［1］金毓黻.宋辽金史［M］.北京：商务印书馆，1946.

［2］岑仲勉.突厥集史［M］.北京：中华书局，1958.

［3］冯家昇.辽史正误三种［M］.北京：中华书局，1959.

［4］王民信.契丹史论丛［M］.台北：学海出版社，1973.

［5］张正明.契丹史略［M］.北京：中华书局，1979.

［6］札奇斯钦.《蒙古秘史》新译并注释［M］.台北：联经出版集团，1979.

［7］舒焚.辽史稿［M］.武汉：湖北人民出版社，1984.

［8］杨树森.辽史简编［M］.沈阳：辽宁人民出版社，1984.

［9］傅乐焕.辽史丛考［M］.北京：中华书局，1984.

［10］陈述. 契丹政治史稿［M］. 北京：人民出版社，1986.

［11］王锺翰. 中国民族史［M］. 北京：中国社会科学出版社，1994.

［12］李桂芝. 辽金简史［M］. 福州：福建人民出版社，1996.

［13］陈寅恪. 唐代政治史述论稿［M］. 上海：上海古籍出版社，1997.

［14］陈国灿，刘建明.《全唐文》职官丛考［M］. 武汉：武汉大学出版
　　 社，1997.

［15］于宝林. 契丹古代史论稿［M］. 合肥：黄山书社，1998.

［16］刘统. 唐代羁縻府州研究［M］. 西安：西北大学出版社，1998.

［17］黄凤岐. 契丹史研究［M］. 赤峰：内蒙古科学技术出版社，1999.

［18］武玉环. 辽制研究［M］. 长春：吉林大学出版社，2001.

［19］王国维. 观堂集林［M］. 石家庄：河北教育出版社，2001.

［20］赵永春. 辽宋金元史论［M］. 长春：吉林人民出版社，2003.

［21］李锡厚、白滨. 辽金西夏史［M］. 上海：上海人民出版社，2003.

［22］都兴智. 辽金史研究［M］. 北京：人民出版社，2004.

［23］杨茂盛. 中国北疆古代民族政权形成研究［M］. 哈尔滨：黑龙江教育
　　 出版社，2004.

［24］耿世民. 古代突厥文碑铭研究［M］. 北京：中央民族大学出版社，
　　 2005.

［25］陈志坚. 唐代州郡制度研究［M］. 上海：上海古籍出版社，2005.

［26］肖爱民. 中国古代北方游牧民族两翼制度研究［M］. 北京：人民出版
　　 社，2007.

［27］吴英喆. 契丹语静词语法范畴研究［M］. 呼和浩特：内蒙古大学出版
　　 社，2007.

［28］王善军. 世家大族与辽代社会［M］. 北京：人民出版社，2008.

［29］刘浦江. 松漠之间：辽金契丹女真史研究［M］. 北京：中华书局，
　　 2008.

［30］刘泽华. 中国政治思想史集（第一卷）［M］. 北京：人民出版社，
　　 2008.

［31］罗新. 中古北族名号研究［M］. 北京：北京大学出版社，2009.

［32］王明珂. 英雄祖先与弟兄民族：根基历史的文本与情景［M］. 北京：
中华书局，2009.

［33］蔡美彪. 辽金元史考索［M］. 北京：中华书局，2012.

［35］武玉环. 辽金社会与文化研究［M］. 北京：中国社会科学出版社，
2014.

［36］罗新. 黑毡上的北魏皇帝［M］. 北京：海豚出版社，2014.

［37］姜维公. 中国东北民族史（中卷）［M］. 长春：吉林文史出版社，
2014.

［38］陈述. 契丹史论证稿［M］. 太原：山西人民出版社，2014.

［39］荣新江. 中古中国与粟特文明［M］. 北京：生活·读书·新知三联书
店，2014.

［39］李碧妍. 危机与重构——唐帝国及其地方诸侯［M］. 北京师范大学出
版社，2015.

［40］刘浦江. 宋辽金史论集［M］. 北京：中华书局，2017.

［41］史风春. 辽朝后族诸问题研究［M］. 北京：人民出版社，2017.

［42］赖瑞和. 唐代高层文官［M］. 北京：中华书局，2017.

［43］胡鸿. 能夏则大与渐慕华风——政治体视角下的华夏与华夏化［M］.
北京：北京师范大学出版社，2017.

［44］王明珂. 游牧者的抉择［M］. 上海：上海人民出版社，2018.

［45］林鹄. 南望：辽朝前期政治与制度研究［M］. 北京：生活·读书·新
知三联书店，2018.

［46］郑毅. 辽朝的建立及其边疆经略——契丹与漠北、中原、东北的地缘
政治变迁［M］. 沈阳：东北大学出版社，2019.

［47］苗润博. 《辽史》探源［M］，北京：中华书局，2020.

［48］［日］爱宕松男. 契丹古代史研究［M］. 邢复礼，译. 呼和浩特：内蒙
古人民出版社，1987.

［49］［德］傅海波、［英］崔瑞德. 剑桥中国辽西夏金元史［M］. 史卫

民，译.北京：中国社会科学出版社，1998.

［50］［日］宫脇淳子.最后的游牧帝国：准噶尔部的兴亡［M］.晓克译，呼和浩特：内蒙古人民出版社，2005.

［51］［日］爱新觉罗·乌拉熙春.从契丹文墓志看辽史［M］.东京：松香堂，2006.

［52］［美］巴菲尔德.危险的边疆——游牧帝国与中国［M］.袁剑，译.南京：江苏人民出版社2011.

［53］［日］杉山正明.疾驰的草原征服者：辽、西夏、金、元［M］.乌兰，乌日娜，译.桂林：广西师范大学出版社2014年版.

四、期刊论文

［1］［日］松井等.契丹勃興史［J］.満鮮地理歷史研究報告（第一冊），1915.

［2］［日］桥本增吉.遼の建國年代に就いて［J］.史潮（第6年1号），1936.

［3］［日］小川裕人.遼の建國に就いて［J］.東洋史研究（2卷3号），1937.

［4］赵卫邦.契丹国家的形成［J］.四川大学学报，1958（2）.

［5］华山、费国庆.阿保机建国前契丹社会试探［J］.文史哲，1958（6）.

［6］姚从吾.说辽朝契丹人的世选制度［A］.东北史论丛（上册），台北：正中书局，1959.

［7］白拉都格其.弘吉剌部与特薛禅［J］.内蒙古大学学报，1979（2）.

［8］孟广耀.耶律阿保机建国称帝年代考论［J］.内蒙古大学学报，1981（1）.

［9］王成国.唐代渤海国官制概述［J］.学习与探索，1982（5）.

［10］张博泉."别种"刍议［J］.社会科学战线，1983（4）.

［11］田余庆.论东晋门阀政治［J］.北京大学学报，1987（2）.

［12］李符桐.回鹘与辽朝建国之关系［A］.李符桐论著全集（第二册）.台北：学生书局，1992.

［13］李桂芝. 契丹大贺氏遥辇氏联盟的部落组织——《辽史·营卫志》考辨［G］//庆祝王锺翰先生八十寿辰学术论文集. 沈阳：辽宁大学出版社，1993.

［14］李志凡. 唐张守珪墓志浅释［G］//唐研究（第五卷）. 北京：北京大学出版社，1995.

［15］姜艳芳. 谈契丹之旗鼓［J］. 北方文物，1998（1）.

［16］何天明. 辽太祖析分迭剌部探讨［J］. 内蒙古社会科学，1999（1）.

［17］罗志田. 民国史研究的"倒放电影"倾向［J］. 社会科学研究，1999（4）.

［18］李桂芝. 契丹贵族大会钩沉［J］. 历史研究，1999（6）.

［19］盖之庸. 耶律羽之墓志铭考证［J］. 北方文物，2001（1）.

［20］聂鸿音. 契丹语的名词附加成分*-n和*-in［J］. 民族语文，2001（2）.

［21］王德忠. 辽朝世选制度的贵族政治特色及其影响［J］. 东北师大学报，2003（6）.

［22］任爱君. 关于契丹族源诸说新析［G］//蒙古史研究（第七辑）. 呼和浩特：内蒙古大学出版社，2003.

［23］任爱君. 从舍利到帝王：耶律阿保机"化家为国"的历史背景及时代内涵［J］. 社会科学辑刊，2004（2）.

［24］王小甫. 契丹建国与回鹘文化［J］. 中国社会科学，2004（04）.

［25］仇鹿鸣. 陈寅恪"山东集团"辨析［J］. 史林，2004（5）.

［26］杨富学. 回鹘语文对契丹的影响［J］. 民族语文，2005（1）.

［27］孟凡云. 耶律阿保机的神化活动及其特点［J］. 北方文物，2005（4）.

［28］王善军. 辽太宗皇后考［J］. 黑龙江民族丛刊，2005（5）.

［29］张国庆. 辽代党争探论［J］. 黑龙江民族丛刊，2006（5）.

［30］任爱君. 唐代契丹羁縻制度与"幽州契丹"的形成［J］. 中国边疆史地研究，2008（1）.

［31］王善军. 耶律乙辛集团与辽朝后期的政治格局［J］. 学术月刊，2008（2）.

［32］陈晓伟.辽代功臣制度初探［J］.辽宁工程技术大学学报，2009（3）.

［33］武玉环.辽代人口考述［J］.学习与探索，2009（6）.

［34］关树东.契丹与旗鼓补论［C］//首届辽上京契丹·辽文化学术研讨会论文集.呼伦贝尔：内蒙古文化出版社，2009.

［35］杨军.释鲁之死考述［J］.内蒙古文物考古.2010（1）.

［36］关树东.辽圣宗时期的宰执群体［G］//宋史研究论丛，保定：河北大学出版社，2010.

［37］陈晓伟、石艳军.《契丹国志》一则史料刍议——兼论契丹之旗鼓［J］.东北史地，2010（2）.

［38］爱新觉罗·乌拉熙春.敌辇岩木古与室鲁子嗣新考［J］.北方文物，2010（3）.

［39］邱靖嘉.辽太宗朝的"皇太子"名号问题［J］.历史研究，2010（6）.

［40］杨军.契丹部族组织中的石烈［J］.黑龙江社会科学，2011（6）.

［41］乌拉熙春.萧挞凛与国舅夷离毕帐［C］//辽金历史与考古国际学术研讨会论文集（上）.沈阳：辽宁教育出版社，2012.

［42］杨军.契丹早期部族组织的变迁［G］//丝瓷之路——古代中外关系史研究（第二编），北京：商务印书馆，2012.

［43］苏丹.20世纪80年代以来契丹族族源研究综述［G］//东北亚研究论丛.长春：东北师范大学出版社，2012.

［44］李大龙、刘海霞.唐代契丹的衙官［J］.中国边疆史地研究，2012（3）.

［45］杨军."变家为国"：耶律阿保机对契丹部族结构的改造［J］.历史研究，2012（03）.

［46］熊鸣琴.钦哀后家族与辽道宗朝党争考论［J］.中国史研究，2013（2）.

［47］史风春.辽朝后族萧挞凛身世考［J］.北方文物，2013（4）.

［48］康鹏.契丹小字《萧敌鲁副使墓志铭》考释［G］//辽金历史与考古（第四辑），沈阳：辽宁教育出版社，2013.

［49］毕德广.唐代奚族居地的变迁［J］.中国历史地理论丛，2014（1）.

［50］孙昊.说"舍利"：兼论契丹、靺鞨、突厥的政治文化互动［J］.中国

边疆史地研究，2014（4）.

［51］杨军.契丹始祖传说与契丹族源［J］.首都师范大学学报，2014（6）.

［52］吴英喆、孙伟祥.契丹文皇族"第十帐"及其他［J］.中央民族大学学报，2015（4）.

［53］曾成.唐代契丹的权力结构与可突于之叛［J］.理论月刊，2015（11）.

［54］余蔚.辽代斡鲁朵管理体制研究［J］.历史研究，2015（01）.

［55］杨军.辽代斡鲁朵研究［J］.学习与探索，2015（05）.

［56］吴晗.论皇权［G］//皇权与绅权，上海：华东师范大学出版社，2015.

［57］刘浦江.中华书局点校本《辽史》修订前言［G］//唐宋历史评论（第一辑），北京：社会科学文献出版社，2015.

［58］葛华廷、王玉亭.辽代北、南宰相府地位的变化及其宰相职位设置与选任［J］.北方文物，2015（3）.

［59］范兆飞.中古地域集团学说的运用及流变——以关陇集团理论的影响为线索［J］.厦门大学学报，2016（1）.

［60］康鹏.契丹小字"地皇后"考［J］.西北师大学报，2016（5）.

［61］杨军.牧场与契丹人的政治［J］.首都师范大学学报，2017（02）.

［62］郭晓东.20世纪以来契丹族源研究述评［J］.辽宁工程技术大学学报，2017（2）.

［63］陈鹏."契丹"始见中国史籍考［J］.江海学刊，2017（3）.

［64］耿涛.辽太宗二次即位考释［J］.北方文物，2017（3）.

［65］钟焓."四海之内皆可汗"——论内亚汗权体制中的"有限性君权"［J］.文化纵横，2017（4）.

［66］耿涛.迭剌部权力斗争与耶律阿保机建国［J］.中国边疆史地研究，2017（4）.

［67］耿涛.部落联盟·国家·酋邦：契丹早期社会形态研究述评［J］.哈尔滨师范大学社会科学学报，2018（1）.

［68］杨军.二世纪至十一世纪北族前国家时期的社会组织［J］.历史研究，

2018（3）.

［69］杨道.辽代斡鲁朵及相关问题辨析［J］.内蒙古社会科学，2018（6）.

［70］吴翔宇.诸弟之乱与两代后族之争——兼论辽朝帝、后二族共治模式的形成.黑龙江民族丛刊［J］，2018（12）.

［71］康建国、李月新.试论辽朝太祖时期的宗庙制度构建［J］.赤峰学院学报，2018（12）.

［72］王善军、郝振宇.辽西夏金宗族研究综述［G］//宋史研究论丛（第二十二辑）.保定：河北大学出版社，2018.

［73］许辉.唐代幽州藩镇少数民族势力及其本土化［J］.北京史学，2019（1）.

［74］陶莎.犁向西北：辽朝上京道农业发展轨迹［J］.云南民族大学学报，2019（4）.

［75］宋继刚.试论《蒙古秘史》中的臣服仪式与君臣关系的确立［J］.北京师范大学学报，2019（5）.

［76］苗润博.被改写的政治时间——再论契丹开国年代问题［J］.文史哲，2019（6）.

［77］苗润博.问题更新与范式转换：契丹早期史百年研究述评［G］//唐宋历史评论（第六辑），北京：社会科学文献出版社，2019.

［78］尤李.道教与辽朝政权合法性的构建［J］.中国史研究，2020（1）.

［79］徐洋.《东斋记事》的成书、版本及史料价值［J］.重庆第二师范学院学报，2020（2）.

［80］毕德广.契丹居地变迁考［J］.内蒙古社会科学，2020（2）.

［81］杨军.契丹社会组织与耶律阿保机建国［J］.中国边疆史地研究，2020（2）.

［82］苗润博.契丹建国前史发覆——政治体视野下北族王朝的历史记忆［J］.历史研究，2020（3）.

［83］姜雅迪.权力整合视域下的东丹国南迁研究［J］.史学集刊，2020（4）.

［84］万雄飞、司伟伟.辽代韩德让墓志考释［J］.考古，2020（5）.

［85］苗润博.从误解到常识：史源学视野下的唐代大贺氏契丹问题［G］//唐研究（第二十五卷），北京：北京大学出版社，2020.

［86］吴翔宇.双重语境下的辽代契丹姓氏研究［J］.史学月刊，2021（1）.

五、学位论文

［1］王善军.辽代世家大族研究［D］.保定：河北大学历史学院，2001.

［2］任爱军.契丹辽朝前期（907—982）契丹社会历史面貌解析［D］.呼和浩特：内蒙古大学蒙古学学院，2005.

［3］廖启照.征服或扩大——辽朝的政治结构与国家形成［D］.台中：中兴大学历史学系，2008.

［4］蒋金玲.辽代汉族士人研究［D］.长春：吉林大学文学院，2010.

［5］曹流.契丹与五代十国政治关系诸问题［D］.北京：北京大学历史学系，2011.

［6］刘一.奚族研究［D］.长春：吉林大学文学院，2014.

［7］孙先文.《旧五代史》研究［D］.合肥：安徽大学历史学院，2014.

［8］曾成.唐代幽营地域的族群与政治——以唐与奚、契丹的互动为中心［D］.武汉：武汉大学历史学院，2015.

［9］孙伟祥.后族与辽朝政治研究［D］.长春：吉林大学文学院，2015.

［10］王凯.辽朝礼制研究［D］.长春：吉林大学文学院，2017.

［11］邱冬梅.辽代契丹萨满教研究［D］.长春：吉林大学文学院，2017.

［12］苗润博.记忆·遗忘·书写：基于史料批判的契丹早期史研究［D］.北京：北京大学历史学系，2018.

［13］王成名.辽代枢密院及其官员群体研究［D］.长春：吉林大学文学院，2018.

［14］铁颜颜.皇族与辽朝政治研究［D］.长春：吉林大学文学院，2019.

［15］冯科.契丹早期历史若干问题研究［D］.呼和浩特：内蒙古大学历史与旅游文化学院，2020.